VOCABULÁRIO HINDI
palavras mais úteis

Os vocabulários da T&P Books destinam-se a ajudar a aprender, a memorizar, e a rever palavras estrangeiras. O vocabulário contém mais de 7000 palavras de uso comum organizadas tematicamente.

O vocabulário contém as palavras mais comummente usadas
Recomendado como adicional para qualquer curso de línguas
Satisfaz as necessidades dos iniciados e dos alunos avançados de línguas estrangeiras
Conveniente para o uso diário, sessões de revisão e atividades de auto-teste
Permite avaliar o seu vocabulário

Características especias do vocabulário

- As palavras estão organizadas de acordo com o seu significado, e não por ordem alfabética
- As palavras são apresentadas em três colunas para facilitar os processos de revisão e auto-teste
- As palavras compostas são divididas em pequenos blocos para facilitar o processo de aprendizagem
- O vocabulário oferece uma transcrição simples e adequada de cada palavra estrangeira

O vocabulário contém 198 tópicos incluindo:

Conceitos básicos, Números, Cores, Meses, Estações do ano, Unidades de medida, Roupas & Acessórios, Alimentos & Nutrição, Restaurante, Membros da Família, Parentes, Caráter, Sentimentos, Emoções, Doenças, Cidade, Passeios, Compras, Dinheiro, Casa, Lar, Escritório, Trabalho no Escritório, Importação & Exportação, Marketing, Pesquisa de Emprego, Desportos, Educação, Computador, Internet, Ferramentas, Natureza, Países, Nacionalidades e muito mais ...

TABELA DE CONTEÚDOS

GUIA DE PRONUNCIAÇÃO

Letra	Exemplo Hindi	Alfabeto fonético T&P	Exemplo Português

Vogais

Letra	Exemplo Hindi	Alfabeto fonético T&P	Exemplo Português
अ	अवसर	[a]; [ɑ], [ə]	chamar; milagre
आ	आगमन	[a:]	rapaz
इ	इनाम	[i]	sinónimo
ई	ईश्वर	[i], [i:]	sinónimo
उ	उठना	[ʊ]	bonita
ऊ	ऊपर	[u:]	blusa
ऋ	ऋग्वेद	[r, rʲ]	abril
ए	एकता	[e:]	plateia
ऐ	ऐनक	[aj]	baixar
ओ	ओला	[o:]	albatroz
औ	औरत	[au]	produção
अं	अंजीर	[ŋ]	alcançar
अः	अ से अः	[h]	[h] aspirada
ऑ	ऑफिस	[ɒ]	chamar

Consoantes

Letra	Exemplo Hindi	Alfabeto fonético T&P	Exemplo Português
क	कमरा	[k]	kiwi
ख	खिड़की	[kh]	[k] aspirada
ग	गरज	[g]	gosto
घ	घर	[gh]	[g] aspirada
ङ	ङाकू	[ŋ]	alcançar
च	चक्कर	[ʧ]	Tchau!
छ	छात्र	[ʧh]	[tsch] aspirado
ज	जाना	[ʤ]	adjetivo
झ	झलक	[ʤ]	adjetivo
ञ	विज्ञान	[ɲ]	ninhada
ट	मटर	[t]	tulipa
ठ	ठेका	[th]	[t] aspirada
ड	डंडा	[d]	dentista
ढ	ढलान	[d]	dentista
ण	क्षण	[n]	O nasal retroflexo
त	ताकत	[t]	tulipa
थ	थकना	[th]	[t] aspirada
द	दरवाज़ा	[d]	dentista
ध	धोना	[d]	dentista
न	नाई	[n]	natureza

Letra	Exemplo Hindi	Alfabeto fonético T&P	Exemplo Português
प	पिता	[p]	presente
फ	फल	[f]	safári
ब	बच्चा	[b]	barril
भ	भाई	[b]	barril
म	माता	[m]	magnólia
य	याद	[j]	géiser
र	रीछ	[r]	riscar
ल	लाल	[l]	libra
व	वचन	[v]	fava
श	शिक्षक	[ʃ]	mês
ष	भाषा	[ʃ]	mês
स	सोना	[s]	sanita
ह	हज़ार	[h]	[h] aspirada

Consoantes adicionais

Letra	Exemplo Hindi	Alfabeto fonético T&P	Exemplo Português
क़	क़लम	[q]	teckel
ख़	ख़बर	[h]	[h] aspirada
ड़	लड़का	[r]	riscar
ढ़	पढ़ना	[r]	riscar
ग़	ग़लती	[ɣ]	agora
ज़	ज़िन्दगी	[z]	sésamo
झ़	ट्रेंझ़र	[ʒ]	talvez
फ़	फ़ौज	[f]	safári

ABREVIATURAS usadas no vocabulário

Abreviaturas do Português

adj	-	adjetivo
adv	-	advérbio
anim.	-	animado
conj.	-	conjunção
desp.	-	desporto
etc.	-	etecetra
ex.	-	por exemplo
f	-	nome feminino
f pl	-	feminino plural
fem.	-	feminino
inanim.	-	inanimado
m	-	nome masculino
m pl	-	masculino plural
m, f	-	masculino, feminino
masc.	-	masculino
mat.	-	matemática
mil.	-	militar
pl	-	plural
prep.	-	preposição
pron.	-	pronome
sb.	-	sobre
sing.	-	singular
v aux	-	verbo auxiliar
vi	-	verbo intransitivo
vi, vt	-	verbo intransitivo, transitivo
vr	-	verbo reflexivo
vt	-	verbo transitivo

Abreviaturas do Hindi

f	-	nome feminino
f pl	-	feminino plural
m	-	nome masculino
m pl	-	masculino plural

CONCEITOS BÁSICOS

Conceitos básicos. Parte 1

1. Pronomes

eu	मैं	main
tu	तुम	tum
ele, ela	वह	vah
nós	हम	ham
vocês	आप	āp
eles, elas	वे	ve

2. Cumprimentos. Saudações. Despedidas

Olá!	नमस्कार!	namaskār!
Bom dia! (formal)	नमस्ते!	namaste!
Bom dia! (de manhã)	नमस्ते!	namaste!
Boa tarde!	नमस्ते!	namaste!
Boa noite!	नमस्ते!	namaste!
cumprimentar (vt)	नमस्कार कहना	namaskār kahana
Olá!	नमस्कार!	namaskār!
saudação (f)	अभिवादन (m)	abhivādan
saudar (vt)	अभिवादन करना	abhivādan karana
Como vai?	आप कैसे हैं?	āp kaise hain?
O que há de novo?	क्या हाल है?	kya hāl hai?
Até à vista!	अलविदा!	alavida!
Até breve!	फिर मिलेंगे!	fir milenge!
Adeus! (sing.)	अलिवदा!	alivada!
Adeus! (pl)	अलविदा!	alavida!
despedir-se (vr)	अलविदा कहना	alavida kahana
Até logo!	अलविदा!	alavida!
Obrigado! -a!	धन्यवाद!	dhanyavad!
Muito obrigado! -a!	बहुत बहुत शुक्रिया!	bahut bahut shukriya!
De nada	कोई बात नहीं	koī bāt nahin
Não tem de quê	कोई बात नहीं	koī bāt nahin
De nada	कोई बात नहीं	koī bāt nahin
Desculpa!	माफ़ कीजिएगा!	māf kījiega!
Desculpe!	माफ़ी कीजियेगा!	māfī kījiyega!
desculpar (vt)	माफ़ करना	māf karana
desculpar-se (vr)	माफ़ी मांगना	māfī māngana
As minhas desculpas	मुझे माफ़ कीजिएगा	mujhe māf kījiega

Desculpe!	मुझे माफ़ कीजिएगा!	mujhe māf kījiega!
perdoar (vt)	माफ़ करना	māf karana
por favor	कृप्या	krpya
Não se esqueça!	भूलना नहीं!	bhūlana nahin!
Certamente! Claro!	ज़रूर!	zarūr!
Claro que não!	बिल्कुल नहीं!	bilkul nahin!
Está bem! De acordo!	ठीक है!	thīk hai!
Basta!	बहुत हुआ!	bahut hua!

3. Números cardinais. Parte 1

zero	ज़ीरो	zīro
um	एक	ek
dois	दो	do
três	तीन	tīn
quatro	चार	chār
cinco	पाँच	pānch
seis	छह	chhah
sete	सात	sāt
oito	आठ	āth
nove	नौ	nau
dez	दस	das
onze	ग्यारह	gyārah
doze	बारह	bārah
treze	तेरह	terah
catorze	चौदह	chaudah
quinze	पन्द्रह	pandrah
dezasseis	सोलह	solah
dezassete	सत्रह	satrah
dezoito	अठारह	athārah
dezanove	उन्नीस	unnīs
vinte	बीस	bīs
vinte e um	इक्कीस	ikkīs
vinte e dois	बाईस	baīs
vinte e três	तेईस	teīs
trinta	तीस	tīs
trinta e um	इकत्तीस	ikattīs
trinta e dois	बत्तीस	battīs
trinta e três	तैंतीस	taintīs
quarenta	चालीस	chālīs
quarenta e um	इक्तालीस	iktālīs
quarenta e dois	बयालीस	bayālīs
quarenta e três	तैंतालीस	taintālīs
cinquenta	पचास	pachās
cinquenta e um	इक्यावन	ikyāvan
cinquenta e dois	बावन	bāvan

cinquenta e três	तिरपन	tirapan
sessenta	साठ	sāth
sessenta e um	इकसठ	ikasath
sessenta e dois	बासठ	bāsath
sessenta e três	तिरसठ	tirasath
setenta	सत्तर	sattar
setenta e um	इकहत्तर	ikahattar
setenta e dois	बहत्तर	bahattar
setenta e três	तिहत्तर	tihattar
oitenta	अस्सी	assī
oitenta e um	इक्यासी	ikyāsī
oitenta e dois	बयासी	bayāsī
oitenta e três	तिरासी	tirāsī
noventa	नब्बे	nabbe
noventa e um	इक्यानवे	ikyānave
noventa e dois	बानवे	bānave
noventa e três	तिरानवे	tirānave

4. Números cardinais. Parte 2

cem	सौ	sau
duzentos	दो सौ	do sau
trezentos	तीन सौ	tīn sau
quatrocentos	चार सौ	chār sau
quinhentos	पाँच सौ	pānch sau
seiscentos	छह सौ	chhah sau
setecentos	सात सो	sāt so
oitocentos	आठ सौ	āth sau
novecentos	नौ सौ	nau sau
mil	एक हज़ार	ek hazār
dois mil	दो हज़ार	do hazār
De quem são ...?	तीन हज़ार	tīn hazār
dez mil	दस हज़ार	das hazār
cem mil	एक लाख	ek lākh
um milhão	दस लाख (m)	das lākh
mil milhões	अरब (m)	arab

5. Números. Frações

fração (f)	अपूर्णांक (m)	apūrnānk
um meio	आधा	ādha
um terço	एक तीहाई	ek tīhaī
um quarto	एक चौथाई	ek chauthaī
um oitavo	आठवां हिस्सा	āthavān hissa
um décimo	दसवां हिस्सा	dasavān hissa
dois terços	दो तिहाई	do tihaī
três quartos	पौना	pauna

6. Números. Operações básicas

subtração (f)	घटाव (m)	ghatāv
subtrair (vi, vt)	घटाना	ghatāna
divisão (f)	विभाजन (m)	vibhājan
dividir (vt)	विभाजित करना	vibhājit karana
adição (f)	जोड़ (m)	jor
somar (vt)	जोड़ करना	jor karana
adicionar (vt)	जोड़ना	jorana
multiplicação (f)	गुणन (m)	gunan
multiplicar (vt)	गुणा करना	guna karana

7. Números. Diversos

algarismo, dígito (m)	अंक (m)	ank
número (m)	संख्या (f)	sankhya
numeral (m)	संख्यावाचक (m)	sankhyāvāchak
menos (m)	घटाव चिह्न (m)	ghatāv chihn
mais (m)	जोड़ चिह्न (m)	jor chihn
fórmula (f)	फ़ारमूला (m)	fāramūla
cálculo (m)	गणना (f)	ganana
contar (vt)	गिनना	ginana
calcular (vt)	गिनती करना	ginatī karana
comparar (vt)	तुलना करना	tulana karana
Quanto, -os, -as?	कितना?	kitana?
soma (f)	कुल (m)	kul
resultado (m)	नतीजा (m)	natīja
resto (m)	शेष (m)	shesh
alguns, algumas …	कुछ	kuchh
um pouco de …	थोड़ा …	thora …
resto (m)	बाक़ी	bāqī
um e meio	डेढ़	derh
dúzia (f)	दर्जन (m)	darjan
ao meio	दो भागों में	do bhāgon men
em partes iguais	बराबर	barābar
metade (f)	आधा (m)	ādha
vez (f)	बार (m)	bār

8. Os verbos mais importantes. Parte 1

abrir (vt)	खोलना	kholana
acabar, terminar (vt)	ख़त्म करना	khatm karana
aconselhar (vt)	सलाह देना	salāh dena
adivinhar (vt)	अंदाज़ा लगाना	andāza lagāna
advertir (vt)	चेतावनी देना	chetāvanī dena
ajudar (vt)	मदद करना	madad karana

almoçar (vi)	दोपहर का भोजन करना	dopahar ka bhojan karana
alugar (~ um apartamento)	किराए पर लेना	kirae par lena
amar (vt)	प्यार करना	pyār karana
ameaçar (vt)	धमकाना	dhamakāna
anotar (escrever)	लिख लेना	likh lena
apanhar (vt)	पकड़ना	pakarana
apressar-se (vr)	जल्दी करना	jaldī karana
arrepender-se (vr)	अफ़सोस जताना	afasos jatāna
assinar (vt)	हस्ताक्षर करना	hastākshar karana
atirar, disparar (vi)	गोली चलाना	golī chalāna
brincar (vi)	मज़ाक करना	mazāk karana
brincar, jogar (crianças)	खेलना	khelana
buscar (vt)	तलाश करना	talāsh karana
caçar (vi)	शिकार करना	shikār karana
cair (vi)	गिरना	girana
cavar (vt)	खोदना	khodana
cessar (vt)	बंद करना	band karana
chamar (~ por socorro)	बुलाना	bulāna
chegar (vi)	पहुँचना	pahunchana
chorar (vi)	रोना	rona
começar (vt)	शुरू करना	shurū karana
comparar (vt)	तुलना करना	tulana karana
compreender (vt)	समझना	samajhana
concordar (vi)	राज़ी होना	rāzī hona
confiar (vt)	यकीन करना	yakīn karana
confundir (equivocar-se)	गड़बड़ा जाना	garabara jāna
conhecer (vt)	जानना	jānana
contar (fazer contas)	गिनना	ginana
contar com (esperar)	भरोसा रखना	bharosa rakhana
continuar (vt)	जारी रखना	jārī rakhana
controlar (vt)	नियंत्रित करना	niyantrit karana
convidar (vt)	आमंत्रित करना	āmantrit karana
correr (vi)	दौड़ना	daurana
criar (vt)	बनाना	banāna
custar (vt)	दाम होना	dām hona

9. Os verbos mais importantes. Parte 2

dar (vt)	देना	dena
dar uma dica	इशारा करना	ishāra karana
decorar (enfeitar)	सजाना	sajāna
defender (vt)	रक्षा करना	raksha karana
deixar cair (vt)	गिराना	girāna
descer (para baixo)	उतरना	utarana
desculpar-se (vr)	माफ़ी मांगना	māfī māngana
dirigir (~ uma empresa)	प्रबंधन करना	prabandhan karana
discutir (notícias, etc.)	चर्चा करना	charcha karana

dizer (vt)	कहना	kahana
duvidar (vt)	शक करना	shak karana
encontrar (achar)	ढूढना	dhūrhana
enganar (vt)	धोखा देना	dhokha dena
entrar (na sala, etc.)	अंदर आना	andar āna
enviar (uma carta)	भेजना	bhejana
errar (equivocar-se)	गलती करना	galatī karana
escolher (vt)	चुनना	chunana
esconder (vt)	छिपाना	chhipāna
escrever (vt)	लिखना	likhana
esperar (o autocarro, etc.)	इंतज़ार करना	intazār karana
esperar (ter esperança)	आशा करना	āsha karana
esquecer (vt)	भूलना	bhūlana
estudar (vt)	पढ़ाई करना	parhaī karana
exigir (vt)	माँगना	māngana
existir (vi)	होना	hona
explicar (vt)	समझाना	samajhāna
falar (vi)	बोलना	bolana
faltar (clases, etc.)	ग़ैर-हाज़िर होना	gair-hāzir hona
fazer (vt)	करना	karana
gabar-se, jactar-se (vr)	डींग मारना	dīng mārana
gostar (apreciar)	पसंद करना	pasand karana
gritar (vi)	चिल्लाना	chillāna
guardar (cartas, etc.)	रखना	rakhana
informar (vt)	खबर देना	khabar dena
insistir (vi)	आग्रह करना	āgrah karana
insultar (vt)	अपमान करना	apamān karana
interessar-se (vr)	रुचि लेना	ruchi lena
ir (a pé)	जाना	jāna
ir nadar	तैरना	tairana
jantar (vi)	रात्रिभोज करना	rātribhoj karana

10. Os verbos mais importantes. Parte 3

ler (vt)	पढ़ना	parhana
libertar (cidade, etc.)	आज़ाद करना	āzād karana
matar (vt)	मार डालना	mār dālana
mencionar (vt)	उल्लेख करना	ullekh karana
mostrar (vt)	दिखाना	dikhāna
mudar (modificar)	बदलना	badalana
nadar (vi)	तैरना	tairana
negar-se a ...	इन्कार करना	inkār karana
objetar (vt)	एतराज़ करना	etarāz karana
observar (vt)	देखना	dekhana
ordenar (mil.)	हुक्म देना	hukm dena
ouvir (vt)	सुनना	sunana
pagar (vt)	दाम चुकाना	dām chukāna

parar (vi)	रुकना	rukana
participar (vi)	भाग लेना	bhāg lena
pedir (comida)	ऑर्डर करना	ordar karana
pedir (um favor, etc.)	माँगना	māngana
pegar (tomar)	लेना	lena
pensar (vt)	सोचना	sochana
perceber (ver)	देखना	dekhana
perdoar (vt)	क्षमा करना	kshama karana
perguntar (vt)	पूछना	pūchhana
permitir (vt)	अनुमति देना	anumati dena
pertencer a ...	स्वामी होना	svāmī hona
planear (vt)	योजना बनाना	yojana banāna
poder (vi)	सकना	sakana
possuir (vt)	मालिक होना	mālik hona
preferir (vt)	तरजीह देना	tarajīh dena
preparar (vt)	खाना बनाना	khāna banāna
prever (vt)	उम्मीद करना	ummīd karana
prometer (vt)	वचन देना	vachan dena
pronunciar (vt)	उच्चारण करना	uchchāran karana
propor (vt)	प्रस्ताव रखना	prastāv rakhana
punir (castigar)	सज़ा देना	saza dena

11. Os verbos mais importantes. Parte 4

quebrar (vt)	तोड़ना	torana
queixar-se (vr)	शिकायत करना	shikāyat karana
querer (desejar)	चाहना	chāhana
recomendar (vt)	सिफ़ारिश करना	sifārish karana
repetir (dizer outra vez)	दोहराना	doharāna
repreender (vt)	डाँटना	dāntana
reservar (~ um quarto)	बुक करना	buk karana
responder (vt)	जवाब देना	javāb dena
rir (vi)	हंसना	hansana
roubar (vt)	चुराना	churāna
saber (vt)	मालूम होना	mālūm hona
sair (~ de casa)	बाहर जाना	bāhar jāna
salvar (vt)	बचाना	bachāna
seguir ...	पीछे चलना	pīchhe chalana
sentar-se (vr)	बैठना	baithana
ser necessário	आवश्यक होना	āvashyak hona
ser, estar	होना	hona
significar (vt)	अर्थ होना	arth hona
sorrir (vi)	मुस्कुराना	muskurāna
subestimar (vt)	कम मूल्यांकन करना	kam mūlyānkan karana
surpreender-se (vr)	हैरान होना	hairān hona
tentar (vt)	कोशिश करना	koshish karana
ter (vt)	होना	hona

ter fome	भूख लगना	bhūkh lagana
ter medo	डरना	darana
ter sede	प्यास लगना	pyās lagana
tocar (com as mãos)	छूना	chhūna
tomar o pequeno-almoço	नाश्ता करना	nāshta karana
trabalhar (vi)	काम करना	kām karana
traduzir (vt)	अनुवाद करना	anuvād karana
unir (vt)	संयुक्त करना	sanyukt karana
vender (vt)	बेचना	bechana
ver (vt)	देखना	dekhana
virar (ex. ~ à direita)	मुड़ जाना	mur jāna
voar (vi)	उड़ना	urana

12. Cores

cor (f)	रंग (m)	rang
matiz (m)	रंग (m)	rang
tom (m)	रंग (m)	rang
arco-íris (m)	इन्द्रधनुष (f)	indradhanush
branco	सफ़ेद	safed
preto	काला	kāla
cinzento	धूसर	dhūsar
verde	हरा	hara
amarelo	पीला	pīla
vermelho	लाल	lāl
azul	नीला	nīla
azul claro	हल्का नीला	halka nīla
rosa	गुलाबी	gulābī
laranja	नारंगी	nārangī
violeta	बैंगनी	bainganī
castanho	भूरा	bhūra
dourado	सुनहरा	sunahara
prateado	चांदी-जैसा	chāndī-jaisa
bege	हल्का भूरा	halka bhūra
creme	क्रीम	krīm
turquesa	फ़ीरोज़ी	fīrozī
vermelho cereja	चेरी जैसा लाल	cherī jaisa lāl
lilás	हल्का बैंगनी	halka bainganī
carmesim	गहरा लाल	gahara lāl
claro	हल्का	halka
escuro	गहरा	gahara
vivo	चमकीला	chamakīla
de cor	रंगीन	rangīn
a cores	रंगीन	rangīn
preto e branco	काला-सफ़ेद	kāla-safed

unicolor	एक रंग का	ek rang ka
multicor	बहुरंगी	bahurangī

13. Questões

Quem?	कौन?	kaun?
Que?	क्या?	kya?
Onde?	कहाँ?	kahān?
Para onde?	किधर?	kidhar?
De onde?	कहाँ से?	kahān se?
Quando?	कब?	kab?
Para quê?	क्यों?	kyon?
Porquê?	क्यों?	kyon?
Para quê?	किस लिये?	kis liye?
Como?	कैसे?	kaise?
Qual?	कौन-सा?	kaun-sa?
Qual? (entre dois ou mais)	कौन-सा?	kaun-sa?
A quem?	किसको?	kisako?
Sobre quem?	किसके बारे में?	kisake bāre men?
Do quê?	किसके बारे में?	kisake bāre men?
Com quem?	किसके?	kisake?
Quanto, -os, -as?	कितना?	kitana?
De quem? (masc.)	किसका?	kisaka?

14. Palavras funcionais. Advérbios. Parte 1

Onde?	कहाँ?	kahān?
aqui	यहाँ	yahān
lá, ali	वहां	vahān
em algum lugar	कहीं	kahīn
em lugar nenhum	कहीं नहीं	kahīn nahin
ao pé de …	के पास	ke pās
ao pé da janela	खिड़की के पास	khirakī ke pās
Para onde?	किधर?	kidhar?
para cá	इधर	idhar
para lá	उधर	udhar
daqui	यहां से	yahān se
de lá, dali	वहां से	vahān se
perto	पास	pās
longe	दूर	dūr
perto de …	निकट	nikat
ao lado de	पास	pās
perto, não fica longe	दूर नहीं	dūr nahin
esquerdo	बायाँ	bāyān

à esquerda	बायीं तरफ़	bāyīn taraf
para esquerda	बायीं तरफ़	bāyīn taraf
direito	दायां	dāyān
à direita	दायीं तरफ़	dāyīn taraf
para direita	दायीं तरफ़	dāyīn taraf
à frente	सामने	sāmane
da frente	सामने का	sāmane ka
em frente (para a frente)	आगे	āge
atrás de …	पीछे	pīchhe
por detrás (vir ~)	पीछे से	pīchhe se
para trás	पीछे	pīchhe
meio (m), metade (f)	बीच (m)	bīch
no meio	बीच में	bīch men
de lado	कोने में	kone men
em todo lugar	सभी	sabhī
ao redor (olhar ~)	आस-पास	ās-pās
de dentro	अंदर से	andar se
para algum lugar	कहीं	kahīn
diretamente	सीधे	sīdhe
de volta	वापस	vāpas
de algum lugar	कहीं से भी	kahīn se bhī
de um lugar	कहीं से	kahīn se
em primeiro lugar	पहले	pahale
em segundo lugar	दूसरा	dūsara
em terceiro lugar	तीसरा	tīsara
de repente	अचानक	achānak
no início	शुरू में	shurū men
pela primeira vez	पहली बार	pahalī bār
muito antes de …	बहुत समय पहले …	bahut samay pahale …
de novo, novamente	नई शुरूआत	naī shurūāt
para sempre	हमेशा के लिए	hamesha ke lie
nunca	कभी नहीं	kabhī nahin
de novo	फिर से	fir se
agora	अब	ab
frequentemente	अकसर	akasar
então	तब	tab
urgentemente	तत्काल	tatkāl
usualmente	आमतौर पर	āmataur par
a propósito, …	प्रसंगवश	prasangavash
é possível	मुमकिन	mumakin
provavelmente	संभव	sambhav
talvez	शायद	shāyad
além disso, …	इस के अलावा	is ke alāva
por isso …	इस लिए	is lie
apesar de …	फिर भी …	fir bhī …

graças a ...	... की मेहरबानी से	... kī meharabānī se
que (pron.)	क्या	kya
que (conj.)	कि	ki
algo	कुछ	kuchh
alguma coisa	कुछ भी	kuchh bhī
nada	कुछ नहीं	kuchh nahin
quem	कौन	kaun
alguém (~ teve uma ideia ...)	कोई	koī
alguém	कोई	koī
ninguém	कोई नहीं	koī nahin
para lugar nenhum	कहीं नहीं	kahīn nahin
de ninguém	किसी का नहीं	kisī ka nahin
de alguém	किसी का	kisī ka
tão	कितना	kitana
também (gostaria ~ de ...)	भी	bhī
também (~ eu)	भी	bhī

15. Palavras funcionais. Advérbios. Parte 2

Porquê?	क्यों?	kyon?
por alguma razão	किसी कारणवश	kisī kāranavash
porque ...	क्यों कि ...	kyon ki ...
por qualquer razão	किसी वजह से	kisī vajah se
e (tu ~ eu)	और	aur
ou (ser ~ não ser)	या	ya
mas (porém)	लेकिन	lekin
para (~ a minha mãe)	के लिए	ke lie
demasiado, muito	ज़्यादा	zyāda
só, somente	सिर्फ़	sirf
exatamente	ठीक	thīk
cerca de (~ 10 kg)	करीब	karīb
aproximadamente	लगभग	lagabhag
aproximado	अनुमानित	anumānit
quase	करीब	karīb
resto (m)	बाक़ी	bāqī
cada	हर एक	har ek
qualquer	कोई	koī
muito	बहुत	bahut
muitas pessoas	बहुत लोग	bahut log
todos	सभी	sabhī
em troca de ...	... के बदले में	... ke badale men
em troca	की जगह	kī jagah
à mão	हाथ से	hāth se
pouco provável	शायद ही	shāyad hī
provavelmente	शायद	shāyad
de propósito	जानबूझकर	jānabūjhakar

por acidente	संयोगवश	sanyogavash
muito	बहुत	bahut
por exemplo	उदाहरण के लिए	udāharan ke lie
entre	के बीच	ke bīch
entre (no meio de)	में	men
tanto	इतना	itana
especialmente	ख़ासतौर पर	khāsataur par

Conceitos básicos. Parte 2

16. Opostos

rico	अमीर	amīr
pobre	ग़रीब	garīb
doente	बीमार	bīmār
são	तंदरूस्त	tandarūst
grande	बड़ा	bara
pequeno	छोटा	chhota
rapidamente	जल्दी से	jaldī se
lentamente	धीरे	dhīre
rápido	तेज़	tez
lento	धीमा	dhīma
alegre	हँसमुख	hansamukh
triste	उदास	udās
juntos	साथ-साथ	sāth-sāth
separadamente	अलग-अलग	alag-alag
em voz alta (ler ~)	बोलकर	bolakar
para si (em silêncio)	मन ही मन	man hī man
alto	लंबा	lamba
baixo	नीचा	nīcha
profundo	गहरा	gahara
pouco fundo	छिछला	chhichhala
sim	हाँ	hān
não	नहीं	nahin
distante (no espaço)	दूर	dūr
próximo	निकट	nikat
longe	दूर	dūr
perto	पास	pās
longo	लंबा	lamba
curto	छोटा	chhota
bom, bondoso	नेक	nek
mau	दुष्ट	dusht
casado	शादीशुदा	shādīshuda

solteiro	अविवाहित	avivāhit
proibir (vt)	प्रतिबंधित करना	pratibandhit karana
permitir (vt)	अनुमति देना	anumati dena
fim (m)	अंत (m)	ant
começo (m)	शुरू (m)	shurū
esquerdo	बायाँ	bāyān
direito	दायां	dāyān
primeiro	पहला	pahala
último	आखिरी	ākhirī
crime (m)	जुर्म (m)	jurm
castigo (m)	सज़ा (f)	saza
ordenar (vt)	हुक्म देना	hukm dena
obedecer (vt)	मानना	mānana
reto	सीधा	sīdha
curvo	टेढ़ा	terha
paraíso (m)	जन्नत (m)	jannat
inferno (m)	नरक (m)	narak
nascer (vi)	जन्म होना	janm hona
morrer (vi)	मरना	marana
forte	शक्तिशाली	shaktishālī
fraco, débil	कमज़ोर	kamazor
idoso	बूढ़ा	būrha
jovem	जवान	javān
velho	पुराना	purāna
novo	नया	naya
duro	कठोर	kathor
mole	नरम	naram
tépido	गरम	garam
frio	ठंडा	thanda
gordo	मोटा	mota
magro	दुबला	dubala
estreito	तंग	tang
largo	चौड़ा	chaura
bom	अच्छा	achchha
mau	बुरा	bura
valente	बहादुर	bahādur
cobarde	कायर	kāyar

17. Dias da semana

segunda-feira (f)	सोमवार (m)	somavār
terça-feira (f)	मंगलवार (m)	mangalavār
quarta-feira (f)	बुधवार (m)	budhavār
quinta-feira (f)	गुरूवार (m)	gurūvār
sexta-feira (f)	शुक्रवार (m)	shukravār
sábado (m)	शनिवार (m)	shanivār
domingo (m)	रविवार (m)	ravivār
hoje	आज	āj
amanhã	कल	kal
depois de amanhã	परसों	parason
ontem	कल	kal
anteontem	परसों	parason
dia (m)	दिन (m)	din
dia (m) de trabalho	कार्यदिवस (m)	kāryadivas
feriado (m)	सार्वजनिक छुट्टी (f)	sārvajanik chhuttī
dia (m) de folga	छुट्टी का दिन (m)	chhuttī ka din
fim (m) de semana	सप्ताहांत (m)	saptāhānt
o dia todo	सारा दिन	sāra din
no dia seguinte	अगला दिन	agala din
há dois dias	दो दिन पहले	do din pahale
na véspera	एक दिन पहले	ek din pahale
diário	दैनिक	dainik
todos os dias	हर दिन	har din
semana (f)	हफ़्ता (f)	hafata
na semana passada	पिछले हफ़्ते	pichhale hafate
na próxima semana	अगले हफ़्ते	agale hafate
semanal	साप्ताहिक	saptāhik
cada semana	हर हफ़्ते	har hafate
duas vezes por semana	हफ़्ते में दो बार	hafate men do bār
cada terça-feira	हर मंगलवार को	har mangalavār ko

18. Horas. Dia e noite

manhã (f)	सुबह (m)	subah
de manhã	सुबह में	subah men
meio-dia (m)	दोपहर (m)	dopahar
à tarde	दोपहर में	dopahar men
noite (f)	शाम (m)	shām
à noite (noitinha)	शाम में	shām men
noite (f)	रात (f)	rāt
à noite	रात में	rāt men
meia-noite (f)	आधी रात (f)	ādhī rāt
segundo (m)	सेकन्ड (m)	sekand
minuto (m)	मिनट (m)	minat
hora (f)	घंटा (m)	ghanta

meia hora (f)	आधा घंटा	ādha ghanta
quarto (m) de hora	सवा	sava
quinze minutos	पंद्रह मीनट	pandrah mīnat
vinte e quatro horas	24 घंटे (m)	chaubīs ghante
nascer (m) do sol	सूर्योदय (m)	sūryoday
amanhecer (m)	सूर्योदय (m)	sūryoday
madrugada (f)	प्रातःकाल (m)	prātahkāl
pôr do sol (m)	सूर्यास्त (m)	sūryāst
de madrugada	सुबह-सवेरे	subah-savere
hoje de manhã	इस सुबह	is subah
amanhã de manhã	कल सुबह	kal subah
hoje à tarde	आज शाम	āj shām
à tarde	दोपहर में	dopahar men
amanhã à tarde	कल दोपहर	kal dopahar
hoje à noite	आज शाम	āj shām
amanhã à noite	कल रात	kal rāt
às três horas em ponto	ठीक तीन बजे में	thīk tīn baje men
por volta das quatro	लगभग चार बजे	lagabhag chār baje
às doze	बारह बजे तक	bārah baje tak
dentro de vinte minutos	बीस मीनट में	bīs mīnat men
dentro duma hora	एक घंटे में	ek ghante men
a tempo	ठीक समय पर	thīk samay par
menos um quarto	पौने ... बजे	paune … baje
durante uma hora	एक घंटे के अंदर	ek ghante ke andar
a cada quinze minutos	हर पंद्रह मीनट	har pandrah mīnat
as vinte e quatro horas	दिन-रात (m pl)	din-rāt

19. Meses. Estações

janeiro (m)	जनवरी (m)	janavarī
fevereiro (m)	फ़रवरी (m)	faravarī
março (m)	मार्च (m)	mārch
abril (m)	अप्रैल (m)	aprail
maio (m)	माई (m)	maī
junho (m)	जून (m)	jūn
julho (m)	जुलाई (m)	julaī
agosto (m)	अगस्त (m)	agast
setembro (m)	सितम्बर (m)	sitambar
outubro (m)	अक्तूबर (m)	aktūbar
novembro (m)	नवम्बर (m)	navambar
dezembro (m)	दिसम्बर (m)	disambar
primavera (f)	वसन्त (m)	vasant
na primavera	वसन्त में	vasant men
primaveril	वसन्त	vasant
verão (m)	गरमी (f)	garamī

no verão	गरमियों में	garamiyon men
de verão	गरमी	garamī
outono (m)	शरद (m)	sharad
no outono	शरद में	sharad men
outonal	शरद	sharad
inverno (m)	सर्दी (f)	sardī
no inverno	सर्दियों में	sardiyon men
de inverno	सर्दी	sardī
mês (m)	महीना (m)	mahīna
este mês	इस महीने	is mahīne
no próximo mês	अगले महीने	agale mahīne
no mês passado	पिछले महीने	pichhale mahīne
há um mês	एक महीने पहले	ek mahīne pahale
dentro de um mês	एक महीने में	ek mahīne men
dentro de dois meses	दो महीने में	do mahīne men
todo o mês	पूरे महीने	pūre mahīne
um mês inteiro	पूरे महीने	pūre mahīne
mensal	मासिक	māsik
mensalmente	हर महीने	har mahīne
cada mês	हर महीने	har mahīne
duas vezes por mês	महिने में दो बार	mahine men do bār
ano (m)	वर्ष (m)	varsh
este ano	इस साल	is sāl
no próximo ano	अगले साल	agale sāl
no ano passado	पिछले साल	pichhale sāl
há um ano	एक साल पहले	ek sāl pahale
dentro dum ano	एक साल में	ek sāl men
dentro de 2 anos	दो साल में	do sāl men
todo o ano	पूरा साल	pūra sāl
um ano inteiro	पूरा साल	pūra sāl
cada ano	हर साल	har sāl
anual	वार्षिक	vārshik
anualmente	वार्षिक	vārshik
quatro vezes por ano	साल में चार बार	sāl men chār bār
data (~ de hoje)	तारीख़ (f)	tārīkh
data (ex. ~ de nascimento)	तारीख़ (f)	tārīkh
calendário (m)	कैलेन्डर (m)	kailendar
meio ano	आधे वर्ष (m)	ādhe varsh
seis meses	छमाही (f)	chhamāhī
estação (f)	मौसम (m)	mausam
século (m)	शताबदी (f)	shatābadī

20. Tempo. Diversos

tempo (m)	वक्त (m)	vakt
momento (m)	क्षण (m)	kshan

instante (m)	क्षण (m)	kshan
instantâneo	तुरंत	turant
lapso (m) de tempo	बीता (m)	bīta
vida (f)	जीवन (m)	jīvan
eternidade (f)	शाश्वतता (f)	shāshvatata
época (f)	युग (f)	yug
era (f)	सम्वत् (f)	samvat
ciclo (m)	काल (m)	kāl
período (m)	काल (m)	kāl
prazo (m)	समय (m)	samay
futuro (m)	भविष्य (m)	bhavishy
futuro	आगामी	āgāmī
da próxima vez	अगली बार	agalī bār
passado (m)	भूतकाल (m)	bhūtakāl
passado	पिछला	pichhala
na vez passada	पिछली बार	pichhalī bār
mais tarde	बाद में	bād men
depois	के बाद	ke bād
atualmente	आजकाल	ājakāl
agora	अभी	abhī
imediatamente	तुरंत	turant
em breve, brevemente	थोड़ी ही देर में	thorī hī der men
de antemão	पहले से	pahale se
há muito tempo	बहुत समय पहले	bahut samay pahale
há pouco tempo	हाल ही में	hāl hī men
destino (m)	भाग्य (f)	bhāgy
recordações (f pl)	यादगार (f)	yādagār
arquivo (m)	पुरालेखागार (m)	purālekhāgār
durante …	… के दौरान	… ke daurān
durante muito tempo	ज़्यादा समय	zyāda samay
pouco tempo	ज़्यादा समय नहीं	zyāda samay nahin
cedo (levantar-se ~)	जल्दी	jaldī
tarde (deitar-se ~)	देर	der
para sempre	सदा के लिए	sada ke lie
começar (vt)	शुरू करना	shurū karana
adiar (vt)	स्थगित करना	sthagit karana
simultaneamente	एक ही समय पर	ek hī samay par
permanentemente	स्थायी रूप से	sthāyī rūp se
constante (ruído, etc.)	लगातार	lagātār
temporário	अस्थायी रूप से	asthāyī rūp se
às vezes	कभी-कभी	kabhī-kabhī
raramente	शायद ही	shāyad hī
frequentemente	अक्सर	aksar

21. Linhas e formas

quadrado (m)	चतुष्कोण (m)	chatushkon
quadrado	चौकोना	chaukona

círculo (m)	घेरा (m)	ghera
redondo	गोलाकार	golākār
triângulo (m)	त्रिकोण (m)	trikon
triangular	त्रिकोना	trikona
oval (f)	ओवल (m)	oval
oval	ओवल	oval
retângulo (m)	आयत (m)	āyat
retangular	आयताकार	āyatākār
pirâmide (f)	शुंडाकार स्तंभ (m)	shundākār stambh
rombo, losango (m)	रोम्बस (m)	rombas
trapézio (m)	विषम चतुर्भुज (m)	visham chaturbhuj
cubo (m)	घनक्षेत्र (m)	ghanakshetr
prisma (m)	क्रकच आयत (m)	krakach āyat
circunferência (f)	परिधि (f)	paridhi
esfera (f)	गोला (m)	gola
globo (m)	गोला (m)	gola
diâmetro (m)	व्यास (m)	vyās
raio (m)	व्यासार्ध (m)	vyāsārdh
perímetro (m)	परिणिति (f)	pariniti
centro (m)	केन्द्र (m)	kendr
horizontal	क्षैतिज	kshaitij
vertical	ऊर्ध्व	ūrdhv
paralela (f)	समांतर-रेखा (f)	samāntar-rekha
paralelo	समानान्तर	samānāntar
linha (f)	रेखा (f)	rekha
traço (m)	लकीर (f)	lakīr
reta (f)	सीधी रेखा (f)	sīdhī rekha
curva (f)	टेढ़ी रेखा (f)	terhī rekha
fino (linha ~a)	पतली	patalī
contorno (m)	परिरेखा (f)	parirekha
interseção (f)	प्रतिच्छेदन (f)	pratichchhedan
ângulo (m) reto	समकोण (m)	samakon
segmento (m)	खंड (m)	khand
setor (m)	क्षेत्र (m)	kshetr
lado (de um triângulo, etc.)	साइड (m)	said
ângulo (m)	कोण (m)	kon

22. Unidades de medida

peso (m)	वज़न (m)	vazan
comprimento (m)	लम्बाई (f)	lambaī
largura (f)	चौड़ाई (f)	chauraī
altura (f)	ऊंचाई (f)	ūnchaī
profundidade (f)	गहराई (f)	gaharaī
volume (m)	घनत्व (f)	ghanatv
área (f)	क्षेत्रफल (m)	kshetrafal
grama (m)	ग्राम (m)	grām
miligrama (m)	मिलीग्राम (m)	milīgrām

quilograma (m)	किलोग्राम (m)	kilogrām
tonelada (f)	टन (m)	tan
libra (453,6 gramas)	पौण्ड (m)	paund
onça (f)	औन्स (m)	auns
metro (m)	मीटर (m)	mītar
milímetro (m)	मिलीमीटर (m)	milīmītar
centímetro (m)	सेंटीमीटर (m)	sentīmītar
quilómetro (m)	किलोमीटर (m)	kilomītar
milha (f)	मील (m)	mīl
polegada (f)	इंच (m)	inch
pé (304,74 mm)	फुट (m)	fut
jarda (914,383 mm)	गज (m)	gaj
metro (m) quadrado	वर्ग मीटर (m)	varg mītar
hectare (m)	हेक्टेयर (m)	hekteyar
litro (m)	लीटर (m)	lītar
grau (m)	डिग्री (m)	digrī
volt (m)	वोल्ट (m)	volt
ampere (m)	ऐम्पेयर (m)	aimpeyar
cavalo-vapor (m)	अश्व शक्ति (f)	ashv shakti
quantidade (f)	मात्रा (f)	mātra
um pouco de ...	कुछ ...	kuchh ...
metade (f)	आधा (m)	ādha
dúzia (f)	दर्जन (m)	darjan
peça (f)	टुकड़ा (m)	tukara
dimensão (f)	माप (m)	māp
escala (f)	पैमाना (m)	paimāna
mínimo	न्यूनतम	nyūnatam
menor, mais pequeno	सब से छोटा	sab se chhota
médio	मध्य	madhy
máximo	अधिकतम	adhikatam
maior, mais grande	सबसे बड़ा	sabase bara

23. Recipientes

boião (m) de vidro	शीशी (f)	shīshī
lata (~ de cerveja)	डिब्बा (m)	dibba
balde (m)	बाल्टी (f)	bāltī
barril (m)	पीपा (m)	pīpa
bacia (~ de plástico)	चिलमची (f)	chilamachī
tanque (m)	कुण्ड (m)	kund
cantil (m) de bolso	फ़्लास्क (m)	flāsk
bidão (m) de gasolina	जेरिकैन (m)	jerikain
cisterna (f)	टंकी (f)	tankī
caneca (f)	मग (m)	mag
chávena (f)	प्याली (f)	pyālī

pires (m)	सॉसर (m)	sosar
copo (m)	गिलास (m)	gilās
taça (f) de vinho	वाइन गिलास (m)	vain gilās
panela, caçarola (f)	सॉसपैन (m)	sosapain
garrafa (f)	बोतल (f)	botal
gargalo (m)	गला (m)	gala
jarro, garrafa (f)	जग (m)	jag
jarro (m) de barro	सुराही (f)	surāhī
recipiente (m)	बरतन (m)	baratan
pote (m)	घड़ा (m)	ghara
vaso (m)	फूलदान (m)	fūladān
frasco (~ de perfume)	शीशी (f)	shīshī
frasquinho (ex. ~ de iodo)	शीशी (f)	shīshī
tubo (~ de pasta dentífrica)	ट्यूब (m)	tyūb
saca (ex. ~ de açúcar)	थैला (m)	thaila
saco (~ de plástico)	थैली (f)	thailī
maço (m)	पैकेट (f)	paiket
caixa (~ de sapatos, etc.)	डिब्बा (m)	dibba
caixa (~ de madeira)	डिब्बा (m)	dibba
cesta (f)	टोकरी (f)	tokarī

24. Materiais

material (m)	सामग्री (f)	sāmagrī
madeira (f)	लकड़ी (f)	lakarī
de madeira	लकड़ी का बना	lakarī ka bana
vidro (m)	कांच (f)	kānch
de vidro	काँच का	kānch ka
pedra (f)	पत्थर (m)	patthar
de pedra	पत्थर का	patthar ka
plástico (m)	प्लास्टिक (m)	plāstik
de plástico	प्लास्टिक का	plāstik ka
borracha (f)	रबड़ (f)	rabar
de borracha	रबड़ का	rabar ka
tecido, pano (m)	कपड़ा (m)	kapara
de tecido	कपड़े का	kapare ka
papel (m)	काग़ज़ (m)	kāgaz
de papel	काग़ज़ का	kāgaz ka
cartão (m)	दफ़्ती (f)	dafatī
de cartão	दफ़्ती का	dafatī ka
polietileno (m)	पॉलीएथीलीन (m)	polīethīlīn
celofane (m)	सेल्लोफ़ेन (m)	sellofen

contraplacado (m)	प्लाईवुड (m)	plaīvud
porcelana (f)	चीनी मिट्टी (f)	chīnī mittī
de porcelana	चीनी मिट्टी का	chīnī mittī ka
barro (f)	मिट्टी (f)	mittī
de barro	मिट्टी का	mittī ka
cerâmica (f)	चीनी मिट्टी (f)	chīnī mittī
de cerâmica	चीनी मिट्टी का	chīnī mittī ka

25. Metais

metal (m)	धातु (m)	dhātu
metálico	धात्वीय	dhātvīy
liga (f)	मिश्रधातु (m)	mishradhātu
ouro (m)	सोना (m)	sona
de ouro	सोना	sona
prata (f)	चाँदी (f)	chāndī
de prata	चाँदी का	chāndī ka
ferro (m)	लोहा (m)	loha
de ferro	लोहे का बना	lohe ka bana
aço (m)	इस्पात (f)	ispāt
de aço	इस्पात का	ispāt ka
cobre (m)	ताँबा (f)	tānba
de cobre	ताँबे का	tānbe ka
alumínio (m)	अल्युमीनियम (m)	alyumīniyam
de alumínio	अलुमीनियम का बना	alumīniyam ka bana
bronze (m)	काँसा (f)	kānsa
de bronze	काँसे का	kānse ka
latão (m)	पीतल (f)	pītal
níquel (m)	निकल (m)	nikal
platina (f)	प्लैटिनम (m)	plaitinam
mercúrio (m)	पारा (f)	pāra
estanho (m)	टिन (m)	tin
chumbo (m)	सीसा (f)	sīsa
zinco (m)	जस्ता (m)	jasta

O SER HUMANO

O ser humano. O corpo

26. Humanos. Conceitos básicos

ser (m) humano	मुनष्य (m)	munashy
homem (m)	आदमी (m)	ādamī
mulher (f)	औरत (f)	aurat
criança (f)	बच्चा (m)	bachcha
menina (f)	लड़की (f)	larakī
menino (m)	लड़का (m)	laraka
adolescente (m)	किशोर (m)	kishor
velho (m)	बूढ़ा (m)	būrha
velha, anciã (f)	बूढ़िया (f)	būrhiya

27. Anatomia humana

organismo (m)	शरीर (m)	sharīr
coração (m)	दिल (m)	dil
sangue (m)	खून (f)	khūn
artéria (f)	धमनी (f)	dhamanī
veia (f)	नस (f)	nas
cérebro (m)	मास्तिष्क (m)	māstishk
nervo (m)	नस (f)	nas
nervos (m pl)	नसें (f)	nasen
vértebra (f)	कशेरुका (m)	kasheruka
coluna (f) vertebral	रीढ़ की हड्डी	rīrh kī haddī
estômago (m)	पेट (m)	pet
intestinos (m pl)	आँतें (f)	ānten
intestino (m)	आँत (f)	ānt
fígado (m)	जिगर (f)	jigar
rim (m)	गुर्दा (f)	gurda
osso (m)	हड्डी (f)	haddī
esqueleto (m)	कंकाल (m)	kankāl
costela (f)	पसली (f)	pasalī
crânio (m)	खोपड़ी (f)	khoparī
músculo (m)	मांसपेशी (f)	mānsapeshī
bíceps (m)	बाइसेप्स (m)	baiseps
tríceps (m)	ट्राईसेप्स (m)	traīseps
tendão (m)	कंडरा (m)	kandara
articulação (f)	जोड़ (m)	jor

pulmões (m pl)	फेफड़े (m pl)	fefare
órgãos (m pl) genitais	गुप्तांग (m)	guptāng
pele (f)	त्वचा (f)	tvacha

28. Cabeça

cabeça (f)	सिर (m)	sir
cara (f)	चेहरा (m)	chehara
nariz (m)	नाक (f)	nāk
boca (f)	मुँह (m)	munh
olho (m)	आँख (f)	ānkh
olhos (m pl)	आँखें (f)	ānkhen
pupila (f)	आँख की पुतली (f)	ānkh kī putalī
sobrancelha (f)	भौंह (f)	bhaunh
pestana (f)	बरौनी (f)	baraunī
pálpebra (f)	पलक (m)	palak
língua (f)	जीभ (m)	jībh
dente (m)	दाँत (f)	dānt
lábios (m pl)	होंठ (m)	honth
maçãs (f pl) do rosto	गाल की हड्डी (f)	gāl kī haddī
gengiva (f)	मसूड़ा (m)	masūra
palato (m)	तालु (m)	tālu
narinas (f pl)	नथने (m pl)	nathane
queixo (m)	ठोड़ी (f)	thorī
mandíbula (f)	जबड़ा (m)	jabara
bochecha (f)	गाल (m)	gāl
testa (f)	माथा (m)	mātha
têmpora (f)	कनपट्टी (f)	kanapattī
orelha (f)	कान (m)	kān
nuca (f)	सिर का पिछला हिस्सा (m)	sir ka pichhala hissa
pescoço (m)	गरदन (m)	garadan
garganta (f)	गला (m)	gala
cabelos (m pl)	बाल (m pl)	bāl
penteado (m)	हेयरस्टाइल (m)	heyarastail
corte (m) de cabelo	हेयरकट (m)	heyarakat
peruca (f)	नकली बाल (m)	nakalī bāl
bigode (m)	मूँछें (f pl)	mūnchhen
barba (f)	दाढ़ी (f)	dārhī
usar, ter (~ barba, etc.)	होना	hona
trança (f)	चोटी (f)	chotī
suíças (f pl)	गलमुच्छा (m)	galamuchchha
ruivo	लाल बाल	lāl bāl
grisalho	सफ़ेद बाल	safed bāl
calvo	गंजा	ganja
calva (f)	गंजाई (f)	ganjaī
rabo-de-cavalo (m)	पोनी-टेल (f)	ponī-tel
franja (f)	बेंग (m)	beng

29. Corpo humano

mão (f)	हाथ (m)	hāth
braço (m)	बाँह (m)	bānh
dedo (m)	उँगली (m)	ungalī
polegar (m)	अँगूठा (m)	angūtha
dedo (m) mindinho	छोटी उंगली (f)	chhotī ungalī
unha (f)	नाखून (m)	nākhūn
punho (m)	मुट्ठी (m)	mutthī
palma (f) da mão	हथेली (f)	hathelī
pulso (m)	कलाई (f)	kalaī
antebraço (m)	प्रकोष्ठ (m)	prakoshth
cotovelo (m)	कोहनी (f)	kohanī
ombro (m)	कंधा (m)	kandha
perna (f)	टाँग (f)	tāng
pé (m)	पैर का तलवा (m)	pair ka talava
joelho (m)	घुटना (m)	ghutana
barriga (f) da perna	पिंडली (f)	pindalī
anca (f)	जाँघ (f)	jāngh
calcanhar (m)	एड़ी (f)	erī
corpo (m)	शरीर (m)	sharīr
barriga (f)	पेट (m)	pet
peito (m)	सीना (m)	sīna
seio (m)	स्तन (f)	stan
lado (m)	कूल्हा (m)	kūlha
costas (f pl)	पीठ (f)	pīth
região (f) lombar	पीठ का निचला हिस्सा (m)	pīth ka nichala hissa
cintura (f)	कमर (f)	kamar
umbigo (m)	नाभी (f)	nābhī
nádegas (f pl)	नितंब (m pl)	nitamb
traseiro (m)	नितम्ब (m)	nitamb
sinal (m)	सौंदर्य चिन्ह (f)	saundary chinh
sinal (m) de nascença	जन्म चिह्न (m)	janm chihn
tatuagem (f)	टैटू (m)	taitū
cicatriz (f)	घाव का निशान (m)	ghāv ka nishān

Vestuário & Acessórios

30. Roupa exterior. Casacos

roupa (f)	कपड़े (m)	kapare
roupa (f) exterior	बाहरी पोशाक (m)	bāharī poshāk
roupa (f) de inverno	सर्दियों की पोशक (f)	sardiyon kī poshak
sobretudo (m)	ओवरकोट (m)	ovarakot
casaco (m) de peles	फरकोट (m)	farakot
casaco curto (m) de peles	फ़र की जैकेट (f)	far kī jaiket
casaco (m) acolchoado	फ़ेदर कोट (m)	fedar kot
casaco, blusão (m)	जैकेट (f)	jaiket
impermeável (m)	बरसाती (f)	barasātī
impermeável	जलरोधक	jalarodhak

31. Vestuário de homem & mulher

camisa (f)	कमीज़ (f)	kamīz
calças (f pl)	पैंट (m)	paint
calças (f pl) de ganga	जीन्स (m)	jīns
casaco (m) de fato	कोट (m)	kot
fato (m)	सूट (m)	sūt
vestido (ex. ~ vermelho)	फ्रॉक (f)	frok
saia (f)	स्कर्ट (f)	skart
blusa (f)	ब्लाउज़ (f)	blauz
casaco (m) de malha	कार्डिगन (f)	kārdigan
casaco, blazer (m)	जैकेट (f)	jaiket
T-shirt, camiseta (f)	टी-शर्ट (f)	tī-shart
calções (Bermudas, etc.)	शोर्ट्स (m pl)	shorts
fato (m) de treino	ट्रैक सूट (m)	traik sūt
roupão (m) de banho	बाथ रोब (m)	bāth rob
pijama (m)	पजामा (m)	pajāma
suéter (m)	सूटर (m)	sūtar
pulôver (m)	पुलोवर (m)	pulovar
colete (m)	बण्डी (m)	bandī
fraque (m)	टेल-कोट (m)	tel-kot
smoking (m)	डिनर-जैकेट (f)	dinar-jaiket
uniforme (m)	वर्दी (f)	vardī
roupa (f) de trabalho	वर्दी (f)	vardī
fato-macaco (m)	ओवरऑल्स (m)	ovarols
bata (~ branca, etc.)	कोट (m)	kot

32. Vestuário. Roupa interior

roupa (f) interior	अंगवस्त्र (m)	angavastr
camisola (f) interior	बनियान (f)	baniyān
peúgas (f pl)	मोज़े (m pl)	moze
camisa (f) de noite	नाइट गाउन (m)	nait gaun
sutiã (m)	ब्रा (f)	bra
meias longas (f pl)	घुटनों तक के मोज़े (m)	ghutanon tak ke moze
meia-calça (f)	टाइट्स (m pl)	taits
meias (f pl)	स्टाकिंग (m pl)	stāking
fato (m) de banho	स्विम सूट (m)	svim sūt

33. Adereços de cabeça

chapéu (m)	टोपी (f)	topī
chapéu (m) de feltro	हैट (f)	hait
boné (m) de beisebol	बैस्बॉल कैप (f)	baisbol kaip
boné (m)	फ़्लैट कैप (f)	flait kaip
boina (f)	बेरेट (m)	beret
capuz (m)	हूड (m)	hūd
panamá (m)	पनामा हैट (m)	panāma hait
gorro (m) de malha	बुनी हुई टोपी (f)	bunī huī topī
lenço (m)	सिर का स्कार्फ़ (m)	sir ka skārf
chapéu (m) de mulher	महिलाओं की टोपी (f)	mahilaon kī topī
capacete (m) de proteção	हेलमेट (f)	helamet
bibico (m)	पुलिसीया टोपी (f)	pulisīya topī
capacete (m)	हेलमेट (f)	helamet
chapéu-coco (m)	बॉलर हैट (m)	bolar hait
chapéu (m) alto	टॉप हैट (m)	top hait

34. Calçado

calçado (m)	पनही (f)	panahī
botinas (f pl)	जूते (m pl)	jūte
sapatos (de salto alto, etc.)	जूते (m pl)	jūte
botas (f pl)	बूट (m pl)	būt
pantufas (f pl)	चप्पल (f pl)	chappal
ténis (m pl)	टेनिस के जूते (m)	tenis ke jūte
sapatilhas (f pl)	स्नीकर्स (m)	snīkars
sandálias (f pl)	सैन्डल (f)	saindal
sapateiro (m)	मोची (m)	mochī
salto (m)	एड़ी (f)	erī
par (m)	जोड़ा (m)	jora
atacador (m)	जूते का फ़ीता (m)	jūte ka fīta

apertar os atacadores	फ़ीता बाँधना	fīta bāndhana
calçadeira (f)	शू-होर्न (m)	shū-horn
graxa (f) para calçado	बूट-पालिश (m)	būt-pālish

35. Têxtil. Tecidos

algodão (m)	कपास (m)	kapās
de algodão	सूती	sūtī
linho (m)	फ़्लैक्स (m)	flaiks
de linho	फ़्लैक्स का	flaiks ka
seda (f)	रेशम (f)	resham
de seda	रेशमी	reshamī
lã (f)	ऊन (m)	ūn
de lã	ऊनी	ūnī
veludo (m)	मख़मल (m)	makhamal
camurça (f)	स्वैड (m)	svaid
bombazina (f)	कॉरडरॉय (m)	koradaroy
náilon (m)	नायलॉन (m)	nāyalon
de náilon	नायलॉन का	nāyalon ka
poliéster (m)	पॉलिएस्टर (m)	poliestar
de poliéster	पॉलिएस्टर का	poliestar ka
couro (m)	चमड़ा (m)	chamara
de couro	चमड़े का	chamare ka
pele (f)	फ़र (m)	far
de peles, de pele	फ़र का	far ka

36. Acessórios pessoais

luvas (f pl)	दस्ताने (m pl)	dastāne
mitenes (f pl)	दस्ताने (m pl)	dastāne
cachecol (m)	मफ़लर (m)	mafalar
óculos (m pl)	ऐनक (m pl)	ainak
armação (f) de óculos	चश्मे का फ्रेम (m)	chashme ka frem
guarda-chuva (m)	छतरी (f)	chhatarī
bengala (f)	छड़ी (f)	chharī
escova (f) para o cabelo	ब्रश (m)	brash
leque (m)	पंखा (m)	pankha
gravata (f)	टाई (f)	taī
gravata-borboleta (f)	बो टाई (f)	bo taī
suspensórios (m pl)	पतलून बाँधने का फ़ीता (m)	patalūn bāndhane ka fīta
lenço (m)	रूमाल (m)	rūmāl
pente (m)	कंघा (m)	kangha
travessão (m)	बालपिन (f)	bālapin
gancho (m) de cabelo	हेयरक्लीप (f)	heyaraklīp
fivela (f)	बकसुआ (m)	bakasua

cinto (m)	बेल्ट (m)	belt
correia (f)	कंधे का पट्टा (m)	kandhe ka patta
mala (f)	बैग (m)	baig
mala (f) de senhora	पर्स (m)	pars
mochila (f)	बैकपैक (m)	baikapaik

37. Vestuário. Diversos

moda (f)	फ़ैशन (m)	faishan
na moda	प्रचलन में	prachalan men
estilista (m)	फ़ैशन डिज़ाइनर (m)	faishan dizainar
colarinho (m), gola (f)	कॉलर (m)	kolar
bolso (m)	जेब (m)	jeb
de bolso	जेब	jeb
manga (f)	आस्तीन (f)	āstīn
alcinha (f)	हैंगिंग लूप (f)	hainging lūp
braguilha (f)	ज़िप (f)	zip
fecho (m) de correr	ज़िप (f)	zip
fecho (m), colchete (m)	हुक (m)	huk
botão (m)	बटन (m)	batan
casa (f) de botão	बटन का काज (m)	batan ka kāj
soltar-se (vr)	निकल जाना	nikal jāna
coser, costurar (vi)	सीना	sīna
bordar (vt)	काढ़ना	kārhana
bordado (m)	कढ़ाई (f)	karhaī
agulha (f)	सूई (f)	sūī
fio (m)	धागा (m)	dhāga
costura (f)	सीवन (m)	sīvan
sujar-se (vr)	मैला होना	maila hona
mancha (f)	धब्बा (m)	dhabba
engelhar-se (vr)	शिकन पड़ जाना	shikan par jāna
rasgar (vt)	फट जाना	fat jāna
traça (f)	कपड़ों के कीड़े (m)	kaparon ke kīre

38. Cuidados pessoais. Cosméticos

pasta (f) de dentes	टूथपेस्ट (m)	tūthapest
escova (f) de dentes	टूथब्रश (m)	tūthabrash
escovar os dentes	दाँत साफ़ करना	dānt sāf karana
máquina (f) de barbear	रेज़र (f)	rezar
creme (m) de barbear	हजामत का क्रीम (m)	hajāmat ka krīm
barbear-se (vr)	शेव करना	shev karana
sabonete (m)	साबुन (m)	sābun
champô (m)	शैम्पू (m)	shaimpū
tesoura (f)	कैंची (f pl)	kainchī

lima (f) de unhas	नाख़ून घिसनी (f)	nākhūn ghisanī
corta-unhas (m)	नाख़ून कतरनी (f)	nākhūn kataranī
pinça (f)	ट्वीज़र्स (f)	tvīzars
cosméticos (m pl)	श्रृंगार-सामग्री (f)	shrrngār-sāmagrī
máscara (f) facial	चेहरे का लेप (m)	chehare ka lep
manicura (f)	मैनीक्योर (m)	mainīkyor
fazer a manicura	मैनीक्योर करवाना	mainīkyor karavāna
pedicure (f)	पेडिक्यूर (m)	pedikyūr
mala (f) de maquilhagem	श्रृंगार थैली (f)	shrrngār thailī
pó (m)	पाउडर (m)	paudar
caixa (f) de pó	कॉम्पैक्ट पाउडर (m)	kompaikt paudar
blush (m)	ब्लशर (m)	blashar
perfume (m)	ख़ुशबू (f)	khushabū
água (f) de toilette	टायलेट वॉटर (m)	tāyalet votar
loção (f)	लोशन (m)	loshan
água-de-colónia (f)	कोलोन (m)	kolon
sombra (f) de olhos	आई-शैडो (m)	āī-shaido
lápis (m) delineador	आई-पेंसिल (f)	āī-pensil
máscara (f), rímel (m)	मस्कारा (m)	maskāra
batom (m)	लिपस्टिक (m)	lipastik
verniz (m) de unhas	नेल पॉलिश (f)	nel polish
laca (f) para cabelos	हेयर स्प्रे (m)	heyar spre
desodorizante (m)	डिओडरेन्ट (m)	diodarent
creme (m)	क्रीम (m)	krīm
creme (m) de rosto	चेहरे की क्रीम (f)	chehare kī krīm
creme (m) de mãos	हाथ की क्रीम (f)	hāth kī krīm
creme (m) antirrugas	एंटी रिंकल क्रीम (f)	entī rinkal krīm
de dia	दिन का	din ka
da noite	रात का	rāt ka
tampão (m)	टैम्पन (m)	taimpan
papel (m) higiénico	टॉयलेट पेपर (m)	toyalet pepar
secador (m) elétrico	हेयर ड्रायर (m)	heyar drāyar

39. Joalheria

joias (f pl)	ज़ेवर (m pl)	zevar
precioso	बहुमूल्य	bahumūly
marca (f) de contraste	छाप (m)	chhāp
anel (m)	अंगूठी (f)	angūthī
aliança (f)	शादी की अंगूठी (f)	shādī kī angūthī
pulseira (f)	चूड़ी (m)	chūrī
brincos (m pl)	कान की रिंग (f)	kān kī ring
colar (m)	माला (f)	māla
coroa (f)	ताज (m)	tāj
colar (m) de contas	मोती की माला (f)	motī kī māla

diamante (m)	हीरा (m)	hīra
esmeralda (f)	पन्ना (m)	panna
rubi (m)	माणिक (m)	mānik
safira (f)	नीलम (m)	nīlam
pérola (f)	मुक्ताफल (m)	muktāfal
âmbar (m)	एम्बर (m)	embar

40. Relógios de pulso. Relógios

relógio (m) de pulso	घड़ी (f pl)	gharī
mostrador (m)	डायल (m)	dāyal
ponteiro (m)	सुई (f)	suī
bracelete (f) em aço	धातु से बनी घड़ी का पट्टा (m)	dhātu se banī gharī ka patta
bracelete (f) em couro	घड़ी का पट्टा (m)	gharī ka patta
pilha (f)	बैटेरी (f)	baiterī
descarregar-se	ख़त्म हो जाना	khatm ho jāna
trocar a pilha	बैटेरी बदलना	baiterī badalana
estar adiantado	तेज़ चलना	tez chalana
estar atrasado	धीमी चलना	dhīmī chalana
relógio (m) de parede	दीवार-घड़ी (f pl)	dīvār-gharī
ampulheta (f)	रेत-घड़ी (f pl)	ret-gharī
relógio (m) de sol	सूरज-घड़ी (f pl)	sūraj-gharī
despertador (m)	अलार्म घड़ी (f)	alārm gharī
relojoeiro (m)	घड़ीसाज़ (m)	gharīsāz
reparar (vt)	मरम्मत करना	marammat karana

Alimentação. Nutrição

41. Comida

carne (f)	गोश्त (m)	gosht
galinha (f)	चीकन (m)	chīkan
frango (m)	रॉक कोर्निश मुर्गी (f)	rok kornish murgī
pato (m)	बत्तख़ (f)	battakh
ganso (m)	हंस (m)	hans
caça (f)	शिकार के पशुपक्षी (f)	shikār ke pashupakshī
peru (m)	टर्की (m)	tarkī
carne (f) de porco	सुअर का गोश्त (m)	suar ka gosht
carne (f) de vitela	बछड़े का गोश्त (m)	bachhare ka gosht
carne (f) de carneiro	भेड़ का गोश्त (m)	bher ka gosht
carne (f) de vaca	गाय का गोश्त (m)	gāy ka gosht
carne (f) de coelho	खरगोश (m)	kharagosh
chouriço, salsichão (m)	सॉसेज (f)	sosej
salsicha (f)	वियना सॉसेज (m)	viyana sosej
bacon (m)	बेकन (m)	bekan
fiambre (f)	हैम (m)	haim
presunto (m)	सुअर की जांघ (f)	suar kī jāngh
patê (m)	पिसा हुआ गोश्त (m)	pisa hua gosht
fígado (m)	जिगर (f)	jigar
carne (f) moída	कीमा (m)	kīma
língua (f)	जीभ (m)	jībh
ovo (m)	अंडा (m)	anda
ovos (m pl)	अंडे (m pl)	ande
clara (f) do ovo	अंडे की सफ़ेदी (m)	ande kī safedī
gema (f) do ovo	अंडे की ज़र्दी (m)	ande kī zardī
peixe (m)	मछली (f)	machhalī
mariscos (m pl)	समुद्री खाना (m)	samudrī khāna
caviar (m)	मछली के अंडे (m)	machhalī ke ande
caranguejo (m)	केकड़ा (m)	kekara
camarão (m)	चिंगड़ा (m)	chingara
ostra (f)	सीप (m)	sīp
lagosta (f)	लोबस्टर (m)	lobastar
polvo (m)	ओक्टोपस (m)	oktopas
lula (f)	स्कीड (m)	skīd
esturjão (m)	स्टर्जन (f)	starjan
salmão (m)	सालमन (m)	sālaman
halibute (m)	हैलिबट (f)	hailibat
bacalhau (m)	कॉड (f)	kod
cavala, sarda (f)	माक्रैल (f)	mākrail

atum (m)	ट्यूना (f)	tūna
enguia (f)	बाम मछली (f)	bām machhalī
truta (f)	ट्राउट मछली (f)	traut machhalī
sardinha (f)	सार्डीन (f)	sārdīn
lúcio (m)	पाइक (f)	paik
arenque (m)	हेरिंग मछली (f)	hering machhalī
pão (m)	ब्रेड (f)	bred
queijo (m)	पनीर (m)	panīr
açúcar (m)	चीनी (f)	chīnī
sal (m)	नमक (m)	namak
arroz (m)	चावल (m)	chāval
massas (f pl)	पास्ता (m)	pāsta
talharim (m)	नूडल्स (m)	nūdals
manteiga (f)	मक्खन (m)	makkhan
óleo (m) vegetal	तेल (m)	tel
óleo (m) de girassol	सूरजमुखी तेल (m)	sūrajamukhī tel
margarina (f)	नकली मक्खन (m)	nakalī makkhan
azeitonas (f pl)	जैतून (m)	jaitūn
azeite (m)	जैतून का तेल (m)	jaitūn ka tel
leite (m)	दूध (m)	dūdh
leite (m) condensado	रबड़ी (f)	rabarī
iogurte (m)	दही (m)	dahī
nata (f) azeda	खट्टी क्रीम (f)	khattī krīm
nata (f) do leite	मलाई (f pl)	malaī
maionese (f)	मेयोनेज़ (m)	meyonez
creme (m)	क्रीम (m)	krīm
grãos (m pl) de cereais	अनाज के दाने (m)	anāj ke dāne
farinha (f)	आटा (m)	āta
enlatados (m pl)	डिब्बाबन्ड खाना (m)	dibbāband khāna
flocos (m pl) de milho	कॉर्नफ़्लेक्स (m)	kornafleks
mel (m)	शहद (m)	shahad
doce (m)	जैम (m)	jaim
pastilha (f) elástica	चूइन्गा गम (m)	chūing gam

42. Bebidas

água (f)	पानी (m)	pānī
água (f) potável	पीने का पानी (f)	pīne ka pānī
água (f) mineral	मिनरल वॉटर (m)	minaral votar
sem gás	स्टिल वॉटर	stil votar
gaseificada	कार्बोनेटेड	kārboneted
com gás	स्पार्कलिंग	spārkaling
gelo (m)	बर्फ़ (m)	barf
com gelo	बर्फ़ के साथ	barf ke sāth

sem álcool	शराब रहित	sharāb rahit
bebida (f) sem álcool	कोल्ड ड्रिंक (f)	kold drink
refresco (m)	शीतलक ड्रिंक (f)	shītalak drink
limonada (f)	लेमोनेड (m)	lemoned
bebidas (f pl) alcoólicas	शराब (m pl)	sharāb
vinho (m)	वाइन (f)	vain
vinho (m) branco	सफ़ेद वाइन (f)	safed vain
vinho (m) tinto	लाल वाइन (f)	lāl vain
licor (m)	लिकर (m)	likar
champanhe (m)	शैम्पेन (f)	shaimpen
vermute (m)	वर्माउथ (f)	varmauth
uísque (m)	विस्की (f)	viskī
vodka (f)	वोडका (m)	vodaka
gim (m)	जिन (f)	jin
conhaque (m)	कोन्याक (m)	konyāk
rum (m)	रम (m)	ram
café (m)	कॉफ़ी (f)	kofī
café (m) puro	काली कॉफ़ी (f)	kālī kofī
café (m) com leite	दूध के साथ कॉफ़ी (f)	dūdh ke sāth kofī
cappuccino (m)	कैपूचिनो (f)	kaipūchino
café (m) solúvel	इन्सटेन्ट-काफ़ी (f)	insatent-kāfī
leite (m)	दूध (m)	dūdh
coquetel (m)	कॉकटेल (m)	kokatel
batido (m) de leite	मिल्कशेक (m)	milkashek
sumo (m)	रस (m)	ras
sumo (m) de tomate	टमाटर का रस (m)	tamātar ka ras
sumo (m) de laranja	संतरे का रस (m)	santare ka ras
sumo (m) fresco	ताज़ा रस (m)	tāza ras
cerveja (f)	बियर (m)	biyar
cerveja (f) clara	हल्का बियर (m)	halka biyar
cerveja (f) preta	डार्क बियर (m)	dārk biyar
chá (m)	चाय (f)	chāy
chá (m) preto	काली चाय (f)	kālī chāy
chá (m) verde	हरी चाय (f)	harī chāy

43. Vegetais

legumes (m pl)	सब्जियाँ (f pl)	sabziyān
verduras (f pl)	हरी सब्जियाँ (f)	harī sabziyān
tomate (m)	टमाटर (m)	tamātar
pepino (m)	खीरा (m)	khīra
cenoura (f)	गाजर (f)	gājar
batata (f)	आलू (m)	ālū
cebola (f)	प्याज़ (m)	pyāz
alho (m)	लहसुन (m)	lahasun

couve (f)	पत्ता गोभी (f)	patta gobhī
couve-flor (f)	फूल गोभी (f)	fūl gobhī
couve-de-bruxelas (f)	ब्रसेल्स स्प्राउट्स (m)	brasels sprauts
brócolos (m pl)	ब्रोकोली (f)	brokolī
beterraba (f)	चुकन्दर (m)	chukandar
beringela (f)	बैंगन (m)	baingan
curgete (f)	तुरई (f)	turī
abóbora (f)	कद्दू	kaddū
nabo (m)	शलजम (f)	shalajam
salsa (f)	अजमोद (f)	ajamod
funcho, endro (m)	सोआ (m)	soa
alface (f)	सलाद पत्ता (m)	salād patta
aipo (m)	सेलरी (m)	selarī
espargo (m)	एस्पैरेगस (m)	espairegas
espinafre (m)	पालक (m)	pālak
ervilha (f)	मटर (m)	matar
fava (f)	फली (f pl)	falī
milho (m)	मकई (f)	makī
feijão (m)	राजमा (f)	rājama
pimentão (m)	शिमला मिर्च (m)	shimala mirch
rabanete (m)	मूली (f)	mūlī
alcachofra (f)	हाथीचक (m)	hāthīchak

44. Frutos. Nozes

fruta (f)	फल (m)	fal
maçã (f)	सेब (m)	seb
pera (f)	नाशपाती (f)	nāshapātī
limão (m)	नींबू (m)	nīmbū
laranja (f)	संतरा (m)	santara
morango (m)	स्ट्रॉबेरी (f)	stroberī
tangerina (f)	नारंगी (m)	nārangī
ameixa (f)	आलूबुखारा (m)	ālūbukhāra
pêssego (m)	आड़ू (m)	ārū
damasco (m)	खूबानी (f)	khūbānī
framboesa (f)	रसभरी (f)	rasabharī
ananás (m)	अनानास (m)	anānās
banana (f)	केला (m)	kela
melancia (f)	तरबूज़ (m)	tarabūz
uva (f)	अंगूर (m)	angūr
ginja, cereja (f)	चेरी (f)	cherī
meloa (f)	खरबूज़ा (f)	kharabūza
toranja (f)	ग्रेपफ्रूट (m)	grepafrūt
abacate (m)	एवोकाडो (m)	evokādo
papaia (f)	पपीता (f)	papīta
manga (f)	आम (m)	ām
romã (f)	अनार (m)	anār

groselha (f) vermelha	लाल किशमिश (f)	lāl kishamish
groselha (f) preta	काली किशमिश (f)	kālī kishamish
groselha (f) espinhosa	आमला (f)	āmala
mirtilo (m)	बिलबेरी (f)	bilaberī
amora silvestre (f)	ब्लैकबेरी (f)	blaikaberī
uvas (f pl) passas	किशमिश (m)	kishamish
figo (m)	अंजीर (m)	anjīr
tâmara (f)	खजूर (m)	khajūr
amendoim (m)	मूँगफली (m)	mūngafalī
amêndoa (f)	बादाम (f)	bādām
noz (f)	अखरोट (m)	akharot
avelã (f)	हेज़लनट (m)	hezalanat
coco (m)	नारियल (m)	nāriyal
pistáchios (m pl)	पिस्ता (m)	pista

45. Pão. Bolaria

pastelaria (f)	मिठाई (f pl)	mithaī
pão (m)	ब्रेड (f)	bred
bolacha (f)	बिस्कुट (m)	biskut
chocolate (m)	चॉकलेट (m)	chokalet
de chocolate	चॉकलेटी	chokaletī
rebuçado (m)	टॉफ़ी (f)	tofī
bolo (cupcake, etc.)	पेस्ट्री (f)	pestrī
bolo (m) de aniversário	केक (m)	kek
tarte (~ de maçã)	पाई (m)	paī
recheio (m)	फ़िलिंग (f)	filing
doce (m)	जैम (m)	jaim
geleia (f) de frutas	मुरब्बा (m)	murabba
waffle (m)	वेफ़र (m pl)	vefar
gelado (m)	आईस-क्रीम (f)	āīs-krīm

46. Pratos cozinhados

prato (m)	पकवान (m)	pakavān
cozinha (~ portuguesa)	व्यंजन (m)	vyanjan
receita (f)	रैसीपी (f)	raisīpī
porção (f)	भाग (m)	bhāg
salada (f)	सलाद (m)	salād
sopa (f)	सूप (m)	sūp
caldo (m)	यख़नी (f)	yakhanī
sandes (f)	सैन्डविच (m)	saindavich
ovos (m pl) estrelados	आमलेट (m)	āmalet
hambúrguer (m)	हैमबर्गर (m)	haimabargar
bife (m)	बीफ़स्टीक (m)	bīfastīk

conduto (m)	साइड डिश (f)	said dish
espaguete (m)	स्पेघेटी (f)	spegheṭī
puré (m) de batata	आलू भरता (f)	ālū bharata
pizza (f)	पीट्ज़ा (f)	pīṭza
papa (f)	दलिया (f)	daliya
omelete (f)	आमलेट (m)	āmalet
cozido em água	उबला	ubala
fumado	धुएँ में पकाया हुआ	dhuen men pakāya hua
frito	भुना	bhuna
seco	सूखा	sūkha
congelado	फ्रोज़न	frozan
em conserva	अचार	achār
doce (açucarado)	मीठा	mīṭha
salgado	नमकीन	namakīn
frio	ठंडा	thanda
quente	गरम	garam
amargo	कड़वा	karava
gostoso	स्वादिष्ट	svādisht
cozinhar (em água a ferver)	उबलते पानी में पकाना	ubalate pānī men pakāna
fazer, preparar (vt)	खाना बनाना	khāna banāna
fritar (vt)	भूनना	bhūnana
aquecer (vt)	गरम करना	garam karana
salgar (vt)	नमक डालना	namak dālana
apimentar (vt)	मिर्च डालना	mirch dālana
ralar (vt)	कद्दूकश करना	kaddūkash karana
casca (f)	छिलका (f)	chhilaka
descascar (vt)	छिलका निकलना	chhilaka nikalana

47. Especiarias

sal (m)	नमक (m)	namak
salgado	नमकीन	namakīn
salgar (vt)	नमक डालना	namak dālana
pimenta (f) preta	काली मिर्च (f)	kālī mirch
pimenta (f) vermelha	लाल मिर्च (m)	lāl mirch
mostarda (f)	सरसों (m)	sarason
raiz-forte (f)	अरब मूली (f)	arab mūlī
condimento (m)	मसाला (m)	masāla
especiaria (f)	मसाला (m)	masāla
molho (m)	चटनी (f)	chatanī
vinagre (m)	सिरका (m)	siraka
anis (m)	सौंफ़ (f)	saumf
manjericão (m)	तुलसी (f)	tulasī
cravo (m)	लौंग (f)	laung
gengibre (m)	अदरक (m)	adarak
coentro (m)	धनिया (m)	dhaniya
canela (f)	दालचीनी (f)	dālachīnī

sésamo (m)	तिल (m)	til
folhas (f pl) de louro	तेजपत्ता (m)	tejapatta
páprica (f)	लाल शिमला मिर्च पाउडर (m)	lāl shimala mirch paudar
cominho (m)	ज़ीरा (m)	zīra
açafrão (m)	ज़ाफ़रान (m)	zāfarān

48. Refeições

comida (f)	खाना (m)	khāna
comer (vt)	खाना खाना	khāna khāna
pequeno-almoço (m)	नाश्ता (m)	nāshta
tomar o pequeno-almoço	नाश्ता करना	nāshta karana
almoço (m)	दोपहर का भोजन (m)	dopahar ka bhojan
almoçar (vi)	दोपहर का भोजन करना	dopahar ka bhojan karana
jantar (m)	रात्रिभोज (m)	rātribhoj
jantar (vi)	रात्रिभोज करना	rātribhoj karana
apetite (m)	भूख (f)	bhūkh
Bom apetite!	अपने भोजन का आनंद उठाएं!	apane bhojan ka ānand uthaen!
abrir (~ uma lata, etc.)	खोलना	kholana
derramar (vt)	गिराना	girāna
derramar-se (vr)	गिराना	girāna
ferver (vi)	उबालना	ubālana
ferver (vt)	उबालना	ubālana
fervido	उबला हुआ	ubala hua
arrefecer (vt)	ठंडा करना	thanda karana
arrefecer-se (vr)	ठंडा करना	thanda karana
sabor, gosto (m)	स्वाद (m)	svād
gostinho (m)	स्वाद (m)	svād
fazer dieta	वज़न घटाना	vazan ghatāna
dieta (f)	डाइट (m)	dait
vitamina (f)	विटामिन (m)	vitāmin
caloria (f)	कैलोरी (f)	kailorī
vegetariano (m)	शाकाहारी (m)	shākāhārī
vegetariano	शाकाहारी	shākāhārī
gorduras (f pl)	वसा (m pl)	vasa
proteínas (f pl)	प्रोटीन (m pl)	protīn
carboidratos (m pl)	कार्बोहाइड्रेट (m)	kārbohaidret
fatia (~ de limão, etc.)	टुकड़ा (m)	tukara
pedaço (~ de bolo)	टुकड़ा (m)	tukara
migalha (f)	टुकड़ा (m)	tukara

49. Por a mesa

colher (f)	चम्मच (m)	chammach
faca (f)	छुरी (f)	chhurī

garfo (m)	काँटा (m)	kānta
chávena (f)	प्याला (m)	pyāla
prato (m)	तश्तरी (f)	tashtarī
pires (m)	सॉसर (m)	sosar
guardanapo (m)	नैपकीन (m)	naipakīn
palito (m)	टूथपिक (m)	tūthapik

50. Restaurante

restaurante (m)	रेस्टराँ (m)	restarān
café (m)	कॉफ़ी हाउस (m)	kofī haus
bar (m), cervejaria (f)	बार (m)	bār
salão (m) de chá	चायख़ाना (m)	chāyakhāna
empregado (m) de mesa	बैरा (m)	baira
empregada (f) de mesa	बैरी (f)	bairī
barman (m)	बारमैन (m)	bāramain
ementa (f)	मेनू (m)	menū
lista (f) de vinhos	वाइन सूची (f)	vain sūchī
reservar uma mesa	मेज़ बुक करना	mez buk karana
prato (m)	पकवान (m)	pakavān
pedir (vt)	आर्डर देना	ārdar dena
fazer o pedido	आर्डर देना	ārdar dena
aperitivo (m)	एपेरेतीफ़ (m)	eperetīf
entrada (f)	एपेटाइज़र (m)	epetaizar
sobremesa (f)	मीठा (m)	mītha
conta (f)	बिल (m)	bil
pagar a conta	बील का भुगतान करना	bīl ka bhugatān karana
dar o troco	खुले पैसे देना	khule paise dena
gorjeta (f)	टिप (f)	tip

Família, parentes e amigos

51. Informação pessoal. Formulários

nome (m)	पहला नाम (m)	pahala nām
apelido (m)	उपनाम (m)	upanām
data (f) de nascimento	जन्म-दिवस (m)	janm-divas
local (m) de nascimento	मातृभूमि (f)	mātrbhūmi
nacionalidade (f)	नागरिकता (f)	nāgarikata
lugar (m) de residência	निवास स्थान (m)	nivās sthān
país (m)	देश (m)	desh
profissão (f)	पेशा (m)	pesha
sexo (m)	लिंग (m)	ling
estatura (f)	क़द (m)	qad
peso (m)	वज़न (m)	vazan

52. Membros da família. Parentes

mãe (f)	माँ (f)	mān
pai (m)	पिता (m)	pita
filho (m)	बेटा (m)	beta
filha (f)	बेटी (f)	betī
filha (f) mais nova	छोटी बेटी (f)	chhotī betī
filho (m) mais novo	छोटा बेटा (m)	chhota beta
filha (f) mais velha	बड़ी बेटी (f)	barī betī
filho (m) mais velho	बड़ा बेटा (m)	bara beta
irmão (m)	भाई (m)	bhaī
irmã (f)	बहन (f)	bahan
primo (m)	चचेरा भाई (m)	chachera bhaī
prima (f)	चचेरी बहन (f)	chacherī bahan
mamã (f)	अम्मा (f)	amma
papá (m)	पापा (m)	pāpa
pais (pl)	माँ-बाप (m pl)	mān-bāp
criança (f)	बच्चा (m)	bachcha
crianças (f pl)	बच्चे (m pl)	bachche
avó (f)	दादी (f)	dādī
avô (m)	दादा (m)	dāda
neto (m)	पोता (m)	pota
neta (f)	पोती (f)	potī
netos (pl)	पोते (m)	pote
tio (m)	चाचा (m)	chācha
tia (f)	चाची (f)	chāchī

sobrinho (m)	भतीजा (m)	bhatīja
sobrinha (f)	भतीजी (f)	bhatījī
sogra (f)	सास (f)	sās
sogro (m)	ससुर (m)	sasur
genro (m)	दामाद (m)	dāmād
madrasta (f)	सौतेली माँ (f)	sautelī mān
padrasto (m)	सौतेले पिता (m)	sautele pita
criança (f) de colo	दुधमुँहा बच्चा (m)	dudhamunha bachcha
bebé (m)	शिशु (f)	shishu
menino (m)	छोटा बच्चा (m)	chhota bachcha
mulher (f)	पत्नी (f)	patnī
marido (m)	पति (m)	pati
esposo (m)	पति (m)	pati
esposa (f)	पत्नी (f)	patnī
casado	शादीशुदा	shādīshuda
casada	शादीशुदा	shādīshuda
solteiro	अविवाहित	avivāhit
solteirão (m)	कुँआरा (m)	kunāra
divorciado	तलाक़शुदा	talāqashuda
viúva (f)	विधवा (f)	vidhava
viúvo (m)	विधुर (m)	vidhur
parente (m)	रिश्तेदार (m)	rishtedār
parente (m) próximo	सम्बंधी (m)	sambandhī
parente (m) distante	दूर का रिश्तेदार (m)	dūr ka rishtedār
parentes (m pl)	रिश्तेदार (m pl)	rishtedār
órfão (m), órfã (f)	अनाथ (m)	anāth
tutor (m)	अभिभावक (m)	abhibhāvak
adotar (um filho)	लड़का गोद लेना	laraka god lena
adotar (uma filha)	लड़की गोद लेना	larakī god lena

53. Amigos. Colegas de trabalho

amigo (m)	दोस्त (m)	dost
amiga (f)	सहेली (f)	sahelī
amizade (f)	दोस्ती (f)	dostī
ser amigos	दोस्त होना	dost hona
amigo (m)	मित्र (m)	mitr
amiga (f)	सहेली (f)	sahelī
parceiro (m)	पार्टनर (m)	pārtanar
chefe (m)	चीफ़ (m)	chīf
superior (m)	अधीक्षक (m)	adhīkshak
subordinado (m)	अधीनस्थ (m)	adhīnasth
colega (m)	सहकर्मी (m)	sahakarmī
conhecido (m)	परिचित आदमी (m)	parichit ādamī
companheiro (m) de viagem	सहगामी (m)	sahagāmī

colega (m) de classe	सहपाठी (m)	sahapāthī
vizinho (m)	पड़ोसी (m)	parosī
vizinha (f)	पड़ोसन (f)	parosan
vizinhos (pl)	पड़ोसी (m pl)	parosī

54. Homem. Mulher

mulher (f)	औरत (f)	aurat
rapariga (f)	लड़की (f)	larakī
noiva (f)	दुल्हन (f)	dulhan
bonita	सुंदर	sundar
alta	लम्बा	lamba
esbelta	सुडौल	sudaul
de estatura média	छोटे क़द का	chhote qad ka
loura (f)	हल्के रंगे के बालोंवाली औरत (f)	halke range ke bālonvālī aurat
morena (f)	काले बालोंवाली औरत (f)	kāle bālonvālī aurat
de senhora	महिलाओं का	mahilaon ka
virgem (f)	कुमारिनी (f)	kumārinī
grávida	गर्भवती	garbhavatī
homem (m)	आदमी (m)	ādamī
louro (m)	हल्के रंगे के बालोंवाला आदमी (m)	halke range ke bālonvāla ādamī
moreno (m)	काले बालोंवाला (m)	kāle bālonvāla
alto	लम्बा	lamba
de estatura média	छोटे क़द का	chhote qad ka
rude	अभद्र	abhadr
atarracado	हृष्ट-पुष्ट	hrasht-pusht
robusto	तगड़ा	tagara
forte	ताकतवर	tākatavar
força (f)	ताक़त (f)	tāqat
gordo	मोटा	mota
moreno	साँवला	sānvala
esbelto	सुडौल	sudaul
elegante	सजिला	sajila

55. Idade

idade (f)	उम्र (f)	umr
juventude (f)	युवा (f)	yuva
jovem	जवान	javān
mais novo	कनिष्ठ	kanishth
mais velho	बड़ा	bara
jovem (m)	युवक (m)	yuvak
adolescente (m)	किशोर (m)	kishor

rapaz (m)	लड़का (m)	laraka
velho (m)	बूढ़ा आदमी (m)	būrha ādamī
velhota (f)	बूढ़ी औरत (f)	būrhī aurat
adulto	व्यस्क	vyask
de meia-idade	अधेड़	adhed
idoso, de idade	बुज़ुर्ग	buzurg
velho	साल	sāl
reforma (f)	सेवा-निवृत्ति (f)	seva-nivrtti
reformar-se (vr)	सेवा-निवृत्त होना	seva-nivrtt hona
reformado (m)	सेवा-निवृत्त (m)	seva-nivrtt

56. Crianças

criança (f)	बच्चा (m)	bachcha
crianças (f pl)	बच्चे (m pl)	bachche
gémeos (m pl)	जुड़वाँ (m pl)	juravān
berço (m)	पालना (m)	pālana
guizo (m)	झुनझुना (m)	jhunajhuna
fralda (f)	डायपर (m)	dāyapar
chupeta (f)	चुसनी (f)	chusanī
carrinho (m) de bebé	बच्चा गाड़ी (f)	bachcha gārī
jardim (m) de infância	बालवाड़ी (f)	bālavārī
babysitter (f)	दाई (f)	daī
infância (f)	बचपन (m)	bachapan
boneca (f)	गुड़िया (f)	guriya
brinquedo (m)	खिलौना (m)	khilauna
jogo (m) de armar	निर्माण सेट खिलौना (m)	nirmān set khilauna
bem-educado	तमीज़दार	tamīzadār
mal-educado	बदतमीज़	badatamīz
mimado	सिरचढ़ा	siracharha
ser travesso	शरारत करना	sharārat karana
travesso, traquinas	नटखट	natakhat
travessura (f)	नटखटपन (m)	natakhatapan
criança (f) travessa	नटखट बच्चा (m)	natakhat bachcha
obediente	आज्ञाकारी	āgyākārī
desobediente	अनुज्ञाकारी	anugyākārī
dócil	विनम्र	vinamr
inteligente	बुद्धिमान	buddhimān
menino (m) prodígio	अद्भुत बच्चा (m)	adbhut bachcha

57. Casais. Vida de família

beijar (vt)	चुम्बन करना	chumban karana
beijar-se (vr)	चुम्बन करना	chumban karana

família (f)	परिवार (m)	parivār
familiar	परिवारिक	parivārik
casal (m)	दंपति (m)	dampatti
matrimónio (m)	शादी (f)	shādī
lar (m)	गृह-चूल्हा (m)	grh-chūlha
dinastia (f)	वंश (f)	vansh
encontro (m)	मुलाक़ात (f)	mulāqāt
beijo (m)	चुम्बन (m)	chumban
amor (m)	प्रेम (m)	prem
amar (vt)	प्यार करना	pyār karana
amado, querido	प्यारा	pyāra
ternura (f)	स्नेह (f)	sneh
terno, afetuoso	स्नेही	snehī
fidelidade (f)	वफ़ादारी (f)	vafādārī
fiel	वफ़ादार	vafādār
cuidado (m)	देखभाल (f)	dekhabhāl
carinhoso	परवाह करने वाला	paravāh karane vāla
recém-casados (m pl)	नवविवाहित (m pl)	navavivāhit
lua de mel (f)	हनीमून (m)	hanīmūn
casar-se (com um homem)	शादी करना	shādī karana
casar-se (com uma mulher)	शादी करना	shādī karana
boda (f)	शादी (f)	shādī
amante (m)	प्रेमी (m)	premī
amante (f)	प्रेमिका (f)	premika
adultério (m)	व्यभिचार (m)	vyabhichār
cometer adultério	संबंधों में धोखा देना	sambandhon men dhokha dena
ciumento	ईर्ष्यालु	īshyālu
ser ciumento	ईर्ष्या करना	īshya karana
divórcio (m)	तलाक़ (m)	talāq
divorciar-se (vr)	तलाक़ देना	talāq dena
brigar (discutir)	झगड़ना	jhagarana
fazer as pazes	सुलह करना	sulah karana
juntos	साथ	sāth
sexo (m)	यौन-क्रिया (f)	yaun-kriya
felicidade (f)	ख़ुशी (f)	khushī
feliz	ख़ुश	khush
infelicidade (f)	दुर्घटना (f)	durghatana
infeliz	नाखुश	nākhush

Caráter. Sentimentos. Emoções

58. Sentimentos. Emoções

sentimento (m)	भावना (f)	bhāvana
sentimentos (m pl)	भावनाएं (f)	bhāvanaen
sentir (vt)	महसूस करना	mahasūs karana
fome (f)	भूख (f)	bhūkh
ter fome	भूख लगना	bhūkh lagana
sede (f)	प्यास (f)	pyās
ter sede	प्यास लगना	pyās lagana
sonolência (f)	उनींदापन (f)	unīndāpan
estar sonolento	नींद आना	nīnd āna
cansaço (m)	थकान (f)	thakān
cansado	थका हुआ	thaka hua
ficar cansado	थक जाना	thak jāna
humor (m)	मन (m)	man
tédio (m)	ऊब (m)	ūb
aborrecer-se (vr)	ऊब जाना	ūb jāna
isolamento (m)	अकेलापन (m)	akelāpan
isolar-se	एकांत में रहना	ekānt men rahana
preocupar (vt)	चिन्ता करना	chinta karana
preocupar-se (vr)	फ़िक्रमंद होना	fikramand hona
preocupação (f)	फ़िक्र (f)	fikr
ansiedade (f)	चिन्ता (f)	chinta
preocupado	चिंताकुल	chintākul
estar nervoso	घबराना	ghabarāna
entrar em pânico	घबरा जाना	ghabara jāna
esperança (f)	आशा (f)	āsha
esperar (vt)	आशा रखना	āsha rakhana
certeza (f)	विश्वास (m)	vishvās
certo	विश्वास होना	vishvās hona
indecisão (f)	अविश्वास (m)	avishvās
indeciso	विश्वास न होना	vishvās na hona
ébrio, bêbado	मदहोश	madahosh
sóbrio	बिना नशे के	bina nashe ke
fraco	कमज़ोर	kamazor
feliz	ख़ुश	khush
assustar (vt)	डराना	darāna
fúria (f)	रोष (m)	rosh
ira, raiva (f)	रोष (m)	rosh
depressão (f)	उदासी (f)	udāsī
desconforto (m)	असुविधा (f)	asuvidha

conforto (m)	सुविधा (f)	suvidha
arrepender-se (vr)	अफ़सोस करना	afasos karana
arrependimento (m)	अफ़सोस (m)	afasos
azar (m), má sorte (f)	दुर्भाग्य (f)	durbhāgy
tristeza (f)	दुख (m)	dukh
vergonha (f)	शर्म (m)	sharm
alegria (f)	प्रसन्नता (f)	prasannata
entusiasmo (m)	उत्साह (m)	utsāh
entusiasta (m)	उत्साही (m)	utsāhī
mostrar entusiasmo	उत्साह दिखाना	utsāh dikhāna

59. Caráter. Personalidade

caráter (m)	चरित्र (m)	charitr
falha (f) de caráter	चरित्र दोष (m)	charitr dosh
mente (f)	अक़्ल (m)	aql
razão (f)	तर्क करने की क्षमता (f)	tark karane kī kshamata
consciência (f)	अन्तरात्मा (f)	antarātma
hábito (m)	आदत (f)	ādat
habilidade (f)	क्षमता (f)	kshamata
saber (~ nadar, etc.)	कर सकना	kar sakana
paciente	धैर्यशील	dhairyashīl
impaciente	बेसब्र	besabr
curioso	उत्सुक	utsuk
curiosidade (f)	उत्सुकता (f)	utsukata
modéstia (f)	लज्जा (f)	lajja
modesto	विनम्र	vinamr
imodesto	अविनम्र	avinamr
preguiça (f)	आलस्य (m)	ālasy
preguiçoso	आलसी	ālasī
preguiçoso (m)	सुस्त आदमी (m)	sust ādamī
astúcia (f)	चालाक (m)	chālāk
astuto	चालाकी	chālākī
desconfiança (f)	अविश्वास (m)	avishvās
desconfiado	अविश्वासपूर्ण	avishvāsapūrn
generosidade (f)	उदारता (f)	udārata
generoso	उदार	udār
talentoso	प्रतिभाशाली	pratibhāshālī
talento (m)	प्रतिभा (m)	pratibha
corajoso	साहसी	sāhasī
coragem (f)	साहस (m)	sāhas
honesto	ईमानदार	īmānadār
honestidade (f)	ईमानदारी (f)	īmānadārī
prudente	सावधान	sāvadhān
valente	बहादुर	bahādur

sério	गम्भीर	gambhīr
severo	सख़्त	sakht
decidido	निर्णयात्मक	nirnayātmak
indeciso	अनिर्णायक	anirnāyak
tímido	शर्मीला	sharmīla
timidez (f)	संकोच (m)	sankoch
confiança (f)	यक़ीन (m)	yaqīn
confiar (vt)	यक़ीन करना	yaqīn karana
crédulo	भरोसा	bharosa
sinceramente	हार्दिक	hārdik
sincero	हार्दिक	hārdik
sinceridade (f)	निष्ठा (f)	nishtha
aberto	अनावृत	anāvrt
calmo	शांत	shānt
franco	स्पष्ट	spasht
ingénuo	भोला	bhola
distraído	भुलक्कड़	bhulakkar
engraçado	अजीब	ajīb
ganância (f)	लालच (m)	lālach
ganancioso	लालची	lālachī
avarento	कंजूस	kanjūs
mau	दुष्ट	dusht
teimoso	ज़िद्दी	ziddī
desagradável	अप्रिय	apriy
egoísta (m)	स्वार्थी (m)	svārthī
egoísta	स्वार्थ	svārth
cobarde (m)	कायर (m)	kāyar
cobarde	कायरता	kāyarata

60. O sono. Sonhos

dormir (vi)	सोना	sona
sono (m)	सोना (m)	sona
sonho (m)	सपना (f)	sapana
sonhar (vi)	सपना देखना	sapana dekhana
sonolento	उनिंदा	uninda
cama (f)	पलंग (m)	palang
colchão (m)	गद्दा (m)	gadda
cobertor (m)	कम्बल (m)	kambal
almofada (f)	तकिया (m)	takiya
lençol (m)	चादर (f)	chādar
insónia (f)	अनिद्रा (m)	anidra
insone	अनिद्र	anidr
sonífero (m)	नींद की गोली (f)	nīnd kī golī
tomar um sonífero	नींद की गोली लेना	nīnd kī golī lena
estar sonolento	नींद आना	nīnd āna

bocejar (vi)	जँभाई लेना	janbhaī lena
ir para a cama	सोने जाना	sone jāna
fazer a cama	बिस्तर बिछाना	bistar bichhāna
adormecer (vi)	सो जाना	so jāna
pesadelo (m)	डरावना सपना (m)	darāvana sapana
ronco (m)	खर्राटे (m)	kharrāte
roncar (vi)	खर्राटे लेना	kharrāte lena
despertador (m)	अलार्म घड़ी (f)	alārm gharī
acordar, despertar (vt)	जगाना	jagāna
acordar (vi)	जगना	jagana
levantar-se (vr)	उठना	uthana
lavar-se (vr)	हाथ-मुँह धोना	hāth-munh dhona

61. Humor. Riso. Alegria

humor (m)	हास्य (m)	hāsy
sentido (m) de humor	मज़ाक करने की आदत (m)	mazāk karane kī ādat
divertir-se (vr)	आनंद उठाना	ānand uthāna
alegre	हँसमुख	hansamukh
alegria (f)	उत्सव (m)	utsav
sorriso (m)	मुस्कान (f)	muskān
sorrir (vi)	मुस्कुराना	muskurāna
começar a rir	हंसना शुरू करना	hansana shurū karana
rir (vi)	हंसना	hansana
riso (m)	हंसी (f)	hansī
anedota (f)	चुटकुला (f)	chutakula
engraçado	मज़ाकीय	mazākīy
ridículo	हास्यास्प्रद	hāsyāsprad
brincar, fazer piadas	मज़ाक करना	mazāk karana
piada (f)	लतीफ़ा (f)	latīfa
alegria (f)	ख़ुशी (f)	khushī
regozijar-se (vr)	ख़ुश होना	khush hona
alegre	ख़ुश	khush

62. Discussão, conversação. Parte 1

comunicação (f)	संवाद (m)	sanvād
comunicar-se (vr)	संवाद करना	sanvād karana
conversa (f)	बातचीत (f)	bātachīt
diálogo (m)	बातचीत (f)	bātachīt
discussão (f)	चर्चा (f)	charcha
debate (m)	बहस (f)	bahas
debater (vt)	बहस करना	bahas karana
interlocutor (m)	वार्ताकार (m)	vārtākār
tema (m)	विषय (m)	vishay

ponto (m) de vista	दृष्टिकोण (m)	drshtikon
opinião (f)	राय (f)	rāy
discurso (m)	भाषण (m)	bhāshan
discussão (f)	चर्चा (f)	charcha
discutir (vt)	चर्चा करना	charcha karana
conversa (f)	बातचीत (f)	bātachīt
conversar (vi)	बात करना	bāt karana
encontro (m)	भेंट (f)	bhent
encontrar-se (vr)	मिलना	milana
provérbio (m)	लोकोक्ति (f)	lokokti
ditado (m)	कहावत (f)	kahāvat
adivinha (f)	पहेली (f)	pahelī
dizer uma adivinha	पहेली पूछना	pahelī pūchhana
senha (f)	पासवर्ड (m)	pāsavard
segredo (m)	भेद (m)	bhed
juramento (m)	शपथ (f)	shapath
jurar (vi)	शपथ लेना	shapath lena
promessa (f)	वचन (m)	vachan
prometer (vt)	वचन देना	vachan dena
conselho (m)	सलाह (f)	salāh
aconselhar (vt)	सलाह देना	salāh dena
escutar (~ os conselhos)	कहना मानना	kahana mānana
novidade, notícia (f)	समाचार (m)	samāchār
sensação (f)	सनसनी (f)	sanasanī
informação (f)	सूचना (f)	sūchana
conclusão (f)	निष्कर्ष (m)	nishkarsh
voz (f)	आवाज़ (f)	āvāz
elogio (m)	प्रशंसा (m)	prashansa
amável	दयालु	dayālu
palavra (f)	शब्द (m)	shabd
frase (f)	जुमला (m)	jumala
resposta (f)	जवाब (m)	javāb
verdade (f)	सच (f)	sach
mentira (f)	झूठ (f)	jhūth
pensamento (m)	ख़याल (f)	khyāl
ideia (f)	विचार (f)	vichār
fantasia (f)	कल्पना (f)	kalpana

63. Discussão, conversação. Parte 2

estimado	आदरणीय	ādaranīy
respeitar (vt)	आदर करना	ādar karana
respeito (m)	इज़्ज़त (m)	izzat
Estimado ..., Caro ...	माननीय	mānanīy
apresentar (vt)	परिचय देना	parichay dena
intenção (f)	इरादा (m)	irāda

tencionar (vt)	इरादा करना	irāda karana
desejo (m)	इच्छा (f)	ichchha
desejar (ex. ~ boa sorte)	इच्छा करना	ichchha karana
surpresa (f)	हैरानी (f)	hairānī
surpreender (vt)	हैरान करना	hairān karana
surpreender-se (vr)	हैरान होना	hairān hona
dar (vt)	देना	dena
pegar (tomar)	लेना	lena
devolver (vt)	वापस देना	vāpas dena
retornar (vt)	वापस करना	vāpas karana
desculpar-se (vr)	माफ़ी मांगना	māfī māngana
desculpa (f)	माफ़ी (f)	māfī
perdoar (vt)	क्षमा करना	kshama karana
falar (vi)	बात करना	bāt karana
escutar (vt)	सुनना	sunana
ouvir até o fim	सुन लेना	sun lena
compreender (vt)	समझना	samajhana
mostrar (vt)	दिखाना	dikhāna
olhar para …	देखना	dekhana
chamar (dizer em voz alta o nome)	बुलाना	bulāna
perturbar (vt)	परेशान करना	pareshān karana
entregar (~ em mãos)	भिजवाना	bhijavāna
pedido (m)	प्रार्थना (f)	prārthana
pedir (ex. ~ ajuda)	अनुरोध करना	anurodh karana
exigência (f)	माँग (f)	māng
exigir (vt)	माँगना	māngana
chamar nomes (vt)	चिढ़ाना	chirhāna
zombar (vt)	मज़ाक उड़ाना	mazāk urāna
zombaria (f)	मज़ाक (m)	mazāk
alcunha (f)	मुंह बोला नाम (m)	munh bola nām
insinuação (f)	इशारा (m)	ishāra
insinuar (vt)	इशारा करना	ishāra karana
subentender (vt)	मतलब होना	matalab hona
descrição (f)	वर्णन (m)	varnan
descrever (vt)	वर्णन करना	varnan karana
elogio (m)	प्रशंसा (m)	prashansa
elogiar (vt)	प्रशंसा करना	prashansa karana
desapontamento (m)	निराशा (m)	nirāsha
desapontar (vt)	निराश करना	nirāsh karana
desapontar-se (vr)	निराश होना	nirāsh hona
suposição (f)	अंदाज़ा (m)	andāza
supor (vt)	अंदाज़ा करना	andāza karana
advertência (f)	चेतावनी (f)	chetāvanī
advertir (vt)	चेतावनी देना	chetāvanī dena

64. Discussão, conversação. Parte 3

convencer (vt)	मना लेना	mana lena
acalmar (vt)	शांत करना	shānt karana
silêncio (o ~ é de ouro)	ख़ामोशी (f)	khāmoshī
ficar em silêncio	चुप रहना	chup rahana
sussurrar (vt)	फुसफुसाना	fusafusāna
sussurro (m)	फुसफुस (m)	fusafus
francamente	साफ़ साफ़	sāf sāf
a meu ver …	मेरे ख़्याल में …	mere khyāl men …
detalhe (~ da história)	विस्तार (m)	vistār
detalhado	विस्तृत	vistrt
detalhadamente	विस्तार से	vistār se
dica (f)	सुराग़ (m)	surāg
dar uma dica	सुराग़ देना	surāg dena
olhar (m)	नज़र (m)	nazar
dar uma vista de olhos	देखना	dekhana
fixo (olhar ~)	स्थिर	sthir
piscar (vi)	झपकना	jhapakana
pestanejar (vt)	आँख मारना	ānkh mārana
acenar (com a cabeça)	सिर हिलाना	sir hilāna
suspiro (m)	आह (f)	āh
suspirar (vi)	आह भरना	āh bharana
estremecer (vi)	काँपना	kānpana
gesto (m)	इशारा (m)	ishāra
tocar (com as mãos)	छूा	chhūa
agarrar (~ pelo braço)	पकड़ना	pakarana
bater de leve	थपथपाना	thapathapāna
Cuidado!	खबरदार!	khabaradār!
A sério?	सचमुच?	sachamuch?
Tem certeza?	क्या तुम्हें यक़ीन है?	kya tumhen yaqīn hai?
Boa sorte!	सफल हो!	safal ho!
Compreendi!	समझ आया!	samajh āya!
Que pena!	अफ़सोस की बात है!	afasos kī bāt hai!

65. Acordo. Recusa

consentimento (~ mútuo)	सहमति (f)	sahamati
consentir (vi)	राज़ी होना	rāzī hona
aprovação (f)	स्वीकृति (f)	svīkrti
aprovar (vt)	स्वीकार करना	svīkār karana
recusa (f)	इन्कार (m)	inkār
negar-se (vt)	इन्कार करना	inkār karana
Está ótimo!	बहुत बढ़िया!	bahut barhiya!
Muito bem!	अच्छा है!	achchha hai!

Está bem! De acordo!	ठीक!	thīk!
proibido	वर्जित	varjit
é proibido	मना है	mana hai
é impossível	सम्भव नहीं	sambhav nahin
incorreto	ग़लत	galat
rejeitar (~ um pedido)	अस्वीकार करना	asvīkār karana
apoiar (vt)	समर्थन करना	samarthan karana
aceitar (desculpas, etc.)	स्वीकार करना	svīkār karana
confirmar (vt)	पुष्टि करना	pushti karana
confirmação (f)	पुष्टि (f)	pushti
permissão (f)	अनुमति (f)	anumati
permitir (vt)	अनुमति देना	anumati dena
decisão (f)	फ़ैसला (m)	faisala
não dizer nada	चुप रहना	chup rahana
condição (com uma ~)	हालत (m)	hālat
pretexto (m)	बहाना (m)	bahāna
elogio (m)	प्रशंसा (m)	prashansa
elogiar (vt)	तारीफ़ करना	tārīf karana

66. Sucesso. Boa sorte. Insucesso

êxito, sucesso (m)	सफलता (f)	safalata
com êxito	सफलतापूर्वक	safalatāpūrvak
bem sucedido	सफल	safal
sorte (fortuna)	सौभाग्य (m)	saubhāgy
Boa sorte!	सफल हो!	safal ho!
de sorte	भाग्यशाली	bhāgyashālī
sortudo, felizardo	भाग्यशाली	bhāgyashālī
fracasso (m)	विफलता (f)	vifalata
pouca sorte (f)	नाकामयाबी (f)	nākāmayābī
azar (m), má sorte (f)	दुर्भाग्य (m)	durbhāgy
mal sucedido	असफल	asafal
catástrofe (f)	दुर्घटना (f)	durghatana
orgulho (m)	गर्व (m)	garv
orgulhoso	गर्व	garv
estar orgulhoso	गर्व करना	garv karana
vencedor (m)	विजेता (m)	vijeta
vencer (vi)	जीतना	jītana
perder (vt)	हार जाना	hār jāna
tentativa (f)	कोशिश (f)	koshish
tentar (vt)	कोशिश करना	koshish karana
chance (m)	मौक़ा (m)	mauqa

67. Conflitos. Emoções negativas

grito (m)	चिल्लाहट (f)	chillāhat
gritar (vi)	चिल्लाना	chillāna

começar a gritar	चीखना	chīkhana
discussão (f)	झगड़ा (m)	jhagara
discutir (vt)	झगड़ना	jhagarana
escândalo (m)	झगड़ा (m)	jhagara
criar escândalo	झगड़ना	jhagarana
conflito (m)	टकराव (m)	takarāv
mal-entendido (m)	ग़लतफ़हमी (m)	galatafahamī
insulto (m)	अपमान (m)	apamān
insultar (vt)	अपमान करना	apamān karana
insultado	अपमानित	apamānit
ofensa (f)	द्वेष (f)	dvesh
ofender (vt)	नाराज़ करना	nārāz karana
ofender-se (vr)	बुरा मानना	bura mānana
indignação (f)	क्रोध (m)	krodh
indignar-se (vr)	ग़ुस्से में आना	gusse men āna
queixa (f)	शिकायत (f)	shikāyat
queixar-se (vr)	शिकायत करना	shikāyat karana
desculpa (f)	माफ़ी (f)	māfī
desculpar-se (vr)	माफ़ी मांगना	māfī māngana
pedir perdão	क्षमा मांगना	kshama māngana
crítica (f)	आलोचना (f)	ālochana
criticar (vt)	आलोचना करना	ālochana karana
acusação (f)	आरोप (m)	ārop
acusar (vt)	आरोप लगाना	ārop lagāna
vingança (f)	बदला (m)	badala
vingar (vt)	बदला लेना	badala lena
vingar-se (vr)	बदला लेना	badala lena
desprezo (m)	नफ़रत (m)	nafarat
desprezar (vt)	नफ़रत करना	nafarat karana
ódio (m)	नफ़रत (m)	nafarat
odiar (vt)	नफ़रत करना	nafarat karana
nervoso	घबराना	ghabarāna
estar nervoso	घबराना	ghabarāna
zangado	नाराज़	nārāz
zangar (vt)	नाराज़ करना	nārāz karana
humilhação (f)	बेइज़्ज़ती (f)	bezzatī
humilhar (vt)	निरादर करना	nirādar karana
humilhar-se (vr)	अपमान होना	apamān hona
choque (m)	हैरानी (f)	hairānī
chocar (vt)	हैरान होना	hairān hona
aborrecimento (m)	परेशानियाँ (f)	pareshāniyān
desagradável	अप्रिय	apriy
medo (m)	डर (f)	dar
terrível (tempestade, etc.)	भयानक	bhayānak
assustador (ex. história ~a)	भयंकर	bhayankar

horror (m)	दहशत (f)	dahashat
horrível (crime, etc.)	भयानक	bhayānak
chorar (vi)	रोना	rona
começar a chorar	रोने लगना	rone lagana
lágrima (f)	आँसु (f)	ānsu
falta (f)	ग़लती (f)	galatī
culpa (f)	दोष का एहसास (m)	dosh ka ehasās
desonra (f)	बदनामी (f)	badanāmī
protesto (m)	विरोध (m)	virodh
stresse (m)	तनाव (m)	tanāv
perturbar (vt)	परेशान करना	pareshān karana
zangar-se com …	गुस्सा करना	gussa karana
zangado	क्रोधित	krodhit
terminar (vt)	ख़त्म करना	khatm karana
praguejar	कसम खाना	kasam khāna
assustar-se	डराना	darāna
golpear (vt)	मारना	mārana
brigar (na rua, etc.)	झगड़ना	jhagarana
resolver (o conflito)	सुलझाना	sulajhāna
descontente	असंतुष्ट	asantusht
furioso	गुस्सा	gussa
Não está bem!	यह ठीक नहीं!	yah thīk nahin!
É mau!	यह बुरा है!	yah bura hai!

Medicina

68. Doenças

doença (f)	बीमारी (f)	bīmārī
estar doente	बीमार होना	bīmār hona
saúde (f)	सेहत (f)	sehat
nariz (m) a escorrer	नज़ला (m)	nazala
amigdalite (f)	टॉन्सिल (m)	tonsil
constipação (f)	ज़ुकाम (f)	zukām
constipar-se (vr)	ज़ुकाम हो जाना	zukām ho jāna
bronquite (f)	ब्रॉन्काइटिस (m)	bronkaitis
pneumonia (f)	निमोनिया (f)	nimoniya
gripe (f)	फ़्लू (m)	flū
míope	कमबीन	kamabīn
presbita	कमज़ोर दूरदृष्टि	kamazor dūradrshti
estrabismo (m)	तिरछी नज़र (m)	tirachhī nazar
estrábico	तिरछी नज़रवाला	tirachhī nazaravāla
catarata (f)	मोतिया बिंद (m)	motiya bind
glaucoma (m)	काला मोतिया (m)	kāla motiya
AVC (m), apoplexia (f)	स्ट्रोक (m)	strok
ataque (m) cardíaco	दिल का दौरा (m)	dil ka daura
enfarte (m) do miocárdio	मायोकार्डियल इन्फ़ार्क्शन (m)	māyokārdiyal infārkshan
paralisia (f)	लकवा (m)	lakava
paralisar (vt)	लक़वा मारना	laqava mārana
alergia (f)	एलर्जी (f)	elarjī
asma (f)	दमा (f)	dama
diabetes (f)	शूगर (f)	shūgar
dor (f) de dentes	दाँत दर्द (m)	dānt dard
cárie (f)	दाँत में कीड़ा (m)	dānt men kīra
diarreia (f)	दस्त (m)	dast
prisão (f) de ventre	कब्ज़ (m)	kabz
desarranjo (m) intestinal	पेट ख़राब (m)	pet kharāb
intoxicação (f) alimentar	ख़राब खाने से हुई बीमारी (f)	kharāb khāne se huī bīmārī
intoxicar-se	ख़राब खाने से बीमार पड़ना	kharāb khāne se bīmār parana
artrite (f)	गठिया (m)	gathiya
raquitismo (m)	बालवक्र (m)	bālavakr
reumatismo (m)	आमवात (m)	āmavāt
arteriosclerose (f)	धमनीकलाकाठिन्य (m)	dhamanīkalākāthiny
gastrite (f)	जठर-शोथ (m)	jathar-shoth
apendicite (f)	उण्डुक-शोथ (m)	unduk-shoth

colecistite (f)	पित्ताशय (m)	pittāshay
úlcera (f)	अल्सर (m)	alsar
sarampo (m)	मीज़ल्स (m)	mīzals
rubéola (f)	जर्मन मीज़ल्स (m)	jarman mīzals
iterícia (f)	पीलिया (m)	pīliya
hepatite (f)	हेपेटाइटिस (m)	hepetaitis
esquizofrenia (f)	शीज़ोफ़्रेनीय (f)	shīzofrenīy
raiva (f)	रेबीज़ (m)	rebīz
neurose (f)	न्यूरोसिस (m)	nyūrosis
comoção (f) cerebral	आघात (m)	āghāt
cancro (m)	कर्क रोग (m)	kark rog
esclerose (f)	काठिन्य (m)	kāthiny
esclerose (f) múltipla	मल्टीपल स्क्लेरोसिस (m)	maltīpal sklerosis
alcoolismo (m)	शराबीपन (m)	sharābīpan
alcoólico (m)	शराबी (m)	sharābī
sífilis (f)	सीफ़िलिस (m)	sīfilis
SIDA (f)	ऐड्स (m)	aids
tumor (m)	ट्यूमर (m)	tyūmar
maligno	घातक	ghātak
benigno	अर्बुद	arbud
febre (f)	बुखार (m)	bukhār
malária (f)	मलेरिया (f)	maleriya
gangrena (f)	गैन्ग्रीन (m)	gaingrīn
enjoo (m)	जहाज़ी मतली (f)	jahāzī matalī
epilepsia (f)	मिरगी (f)	miragī
epidemia (f)	महामारी (f)	mahāmārī
tifo (m)	टाइफ़स (m)	taifas
tuberculose (f)	टीबी (m)	tībī
cólera (f)	हैज़ा (f)	haiza
peste (f)	प्लेग (f)	pleg

69. Sintomas. Tratamentos. Parte 1

sintoma (m)	लक्षण (m)	lakshan
temperatura (f)	तापमान (m)	tāpamān
febre (f)	बुखार (f)	bukhār
pulso (m)	नब्ज़ (f)	nabz
vertigem (f)	सिर का चक्कर (m)	sir ka chakkar
quente (testa, etc.)	गरम	garam
calafrio (m)	कंपकंपी (f)	kampakampī
pálido	पीला	pīla
tosse (f)	खाँसी (f)	khānsī
tossir (vi)	खाँसना	khānsana
espirrar (vi)	छींकना	chhīnkana
desmaio (m)	बेहोशी (f)	behoshī

desmaiar (vi)	बेहोश होना	behosh hona
nódoa (f) negra	नील (m)	nīl
galo (m)	गुमड़ा (m)	gumara
magoar-se (vr)	चोट लगना	chot lagana
pisadura (f)	चोट (f)	chot
aleijar-se (vr)	घाव लगना	ghāv lagana
coxear (vi)	लँगड़ाना	langarāna
deslocação (f)	हड्डी खिसकना (f)	haddī khisakana
deslocar (vt)	हड्डी खिसकना	haddī khisakana
fratura (f)	हड्डी टूट जाना (f)	haddī tūt jāna
fraturar (vt)	हड्डी टूट जाना	haddī tūt jāna
corte (m)	कट जाना (m)	kat jāna
cortar-se (vr)	ख़ुद को काट लेना	khud ko kāt lena
hemorragia (f)	रक्त-स्राव (m)	rakt-srāv
queimadura (f)	जला होना	jala hona
queimar-se (vr)	जल जाना	jal jāna
picar (vt)	चुभाना	chubhāna
picar-se (vr)	ख़ुद को चुभाना	khud ko chubhāna
lesionar (vt)	घायल करना	ghāyal karana
lesão (m)	चोट (f)	chot
ferida (f), ferimento (m)	घाव (m)	ghāv
trauma (m)	चोट (f)	chot
delirar (vi)	बेहोशी में बड़बड़ाना	behoshī men barabadāna
gaguejar (vi)	हकलाना	hakalāna
insolação (f)	धूप आघात (m)	dhūp āghāt

70. Sintomas. Tratamentos. Parte 2

dor (f)	दर्द (f)	dard
farpa (no dedo)	चुभ जाना (m)	chubh jāna
suor (m)	पसीना (f)	pasīna
suar (vi)	पसीना निकलना	pasīna nikalana
vómito (m)	वमन (m)	vaman
convulsões (f pl)	दौरा (m)	daura
grávida	गर्भवती	garbhavatī
nascer (vi)	जन्म लेना	janm lena
parto (m)	पैदा करना (m)	paida karana
dar à luz	पैदा करना	paida karana
aborto (m)	गर्भपात (m)	garbhapāt
respiração (f)	साँस (f)	sāns
inspiração (f)	साँस अंदर खींचना (f)	sāns andar khīnchana
expiração (f)	साँस बाहर छोड़ना (f)	sāns bāhar chhorana
expirar (vi)	साँस बाहर छोड़ना	sāns bāhar chhorana
inspirar (vi)	साँस अंदर खींचना	sāns andar khīnchana
inválido (m)	अपाहिज (m)	apāhij
aleijado (m)	लूला (m)	lūla

toxicodependente (m)	नशेबाज़ (m)	nashebāz
surdo	बहरा	bahara
mudo	गूँगा	gūnga
surdo-mudo	बहरा और गूँगा	bahara aur gūnga
louco (adj.)	पागल	pāgal
louco (m)	पगला (m)	pagala
louca (f)	पगली (f)	pagalī
ficar louco	पागल हो जाना	pāgal ho jāna
gene (m)	वंशाणु (m)	vanshānu
imunidade (f)	रोग प्रतिरोधक शक्ति (f)	rog pratirodhak shakti
hereditário	जन्मजात	janmajāt
congénito	पैदाइशी	paidaishī
vírus (m)	विषाणु (m)	vishānu
micróbio (m)	कीटाणु (m)	kītānu
bactéria (f)	जीवाणु (m)	jīvānu
infeção (f)	संक्रमण (m)	sankraman

71. Sintomas. Tratamentos. Parte 3

hospital (m)	अस्पताल (m)	aspatāl
paciente (m)	मरीज़ (m)	marīz
diagnóstico (m)	रोग-निर्णय (m)	rog-nirnay
cura (f)	इलाज (m)	ilāj
tratamento (m) médico	चिकित्सीय उपचार (m)	chikitsīy upachār
curar-se (vr)	इलाज कराना	ilāj karāna
tratar (vt)	इलाज करना	ilāj karana
cuidar (pessoa)	देखभाल करना	dekhabhāl karana
cuidados (m pl)	देखभाल (f)	dekhabhāl
operação (f)	ऑपरेशन (m)	opareshan
enfaixar (vt)	पट्टी बाँधना	pattī bāndhana
enfaixamento (m)	पट्टी (f)	pattī
vacinação (f)	टीका (m)	tīka
vacinar (vt)	टीका लगाना	tīka lagāna
injeção (f)	इंजेक्शन (m)	injekshan
dar uma injeção	इंजेक्शन लगाना	injekshan lagāna
amputação (f)	अंगविच्छेद (f)	angavichchhed
amputar (vt)	अंगविच्छेद करना	angavichchhed karana
coma (f)	कोमा (m)	koma
estar em coma	कोमा में चले जाना	koma men chale jāna
reanimação (f)	गहन चिकित्सा (f)	gahan chikitsa
recuperar-se (vr)	ठीक हो जाना	thīk ho jāna
estado (~ de saúde)	हालत (m)	hālat
consciência (f)	होश (m)	hosh
memória (f)	याददाश्त (f)	yādadāsht
tirar (vt)	दाँत निकालना	dānt nikālana
chumbo (m), obturação (f)	भराव (m)	bharāv

chumbar, obturar (vt)	दाँत को भरना	dānt ko bharana
hipnose (f)	हिपनोसिस (m)	hipanosis
hipnotizar (vt)	हिपनोटाइज़ करना	hipanotaiz karana

72. Médicos

médico (m)	डॉक्टर (m)	doktar
enfermeira (f)	नर्स (m)	nars
médico (m) pessoal	निजी डॉक्टर (m)	nijī doktar
dentista (m)	दंत-चिकित्सक (m)	dant-chikitsak
oculista (m)	आँखों का डॉक्टर (m)	ānkhon ka doktar
terapeuta (m)	चिकित्सक (m)	chikitsak
cirurgião (m)	शल्य-चिकित्सक (m)	shaly-chikitsak
psiquiatra (m)	मनोरोग चिकित्सक (m)	manorog chikitsak
pediatra (m)	बाल-चिकित्सक (m)	bāl-chikitsak
psicólogo (m)	मनोवैज्ञानिक (m)	manovaigyānik
ginecologista (m)	प्रसूतिशास्री (f)	prasūtishāsrī
cardiologista (m)	हृदय रोग विशेषज्ञ (m)	hrday rog visheshagy

73. Medicina. Drogas. Acessórios

medicamento (m)	दवा (f)	dava
remédio (m)	दवाई (f)	davaī
receitar (vt)	नुसख़ा लिखना	nusakha likhana
receita (f)	नुसख़ा (m)	nusakha
comprimido (m)	गोली (f)	golī
pomada (f)	मरहम (m)	maraham
ampola (f)	एम्प्यूल (m)	empyūl
preparado (m)	सिरप (m)	sirap
xarope (m)	शरबत (m)	sharabat
cápsula (f)	गोली (f)	golī
remédio (m) em pó	चूरन (m)	chūran
ligadura (f)	पट्टी (f)	pattī
algodão (m)	रूई का गोला (m)	rūī ka gola
iodo (m)	आयोडीन (m)	āyodīn
penso (m) rápido	बैंड-एड (m)	baind-ed
conta-gotas (m)	आई-ड्रॉपर (m)	āī-dropar
termómetro (m)	थरमामीटर (m)	tharamāmītar
seringa (f)	इंजेक्शन (m)	injekshan
cadeira (f) de rodas	व्हीलचेयर (f)	vhīlacheyar
muletas (f pl)	बैसाखी (m pl)	baisākhī
analgésico (m)	दर्द-निवारक (f)	dard-nivārak
laxante (m)	जुलाब की गोली (f)	julāb kī golī
álcool (m) etílico	स्पिरिट (m)	spirit
ervas (f pl) medicinais	जड़ी-बूटी (f)	jarī-būtī
de ervas (chá ~)	जड़ी-बूटियों से बना	jarī-būtiyon se bana

74. Fumar. Produtos tabágicos

tabaco (m)	तम्बाकू (m)	tambākū
cigarro (m)	सिगरेट (m)	sigaret
charuto (m)	सिगार (m)	sigār
cachimbo (m)	पाइप (f)	paip
maço (~ de cigarros)	पैक (m)	paik
fósforos (m pl)	माचिस (f pl)	māchis
caixa (f) de fósforos	माचिस का डिब्बा (m)	māchis ka dibba
isqueiro (m)	लाइटर (f)	laitar
cinzeiro (m)	राखदानी (f)	rākhadānī
cigarreira (f)	सिगरेट केस (m)	sigaret kes
boquilha (f)	सिगरेट होलडर (m)	sigaret holadar
filtro (m)	फ़िल्टर (m)	filtar
fumar (vi, vt)	धुम्रपान करना	dhumrapān karana
acender um cigarro	सिगरेट जलाना	sigaret jalāna
tabagismo (m)	धुम्रपान (m)	dhumrapān
fumador (m)	धूम्रपान करने वाला (m)	dhūmrapān karane vāla
beata (f)	सिगरेट का बचा हुआ टुकड़ा (m)	sigaret ka bacha hua tukara
fumo (m)	सिगरेट का धुँआ (m)	sigaret ka dhuna
cinza (f)	राख (m)	rākh

HABITAT HUMANO

Cidade

75. Cidade. Vida na cidade

cidade (f)	नगर (m)	nagar
capital (f)	राजधानी (f)	rājadhānī
aldeia (f)	गांव (m)	gānv
mapa (m) da cidade	नगर का नक्शा (m)	nagar ka naksha
centro (m) da cidade	नगर का केन्द्र (m)	nagar ka kendr
subúrbio (m)	उपनगर (m)	upanagar
suburbano	उपनगरिक	upanagarik
periferia (f)	बाहरी इलाका (m)	bāharī ilāka
arredores (m pl)	इर्दगिर्द के इलाके (m pl)	irdagird ke ilāke
quarteirão (m)	सेक्टर (m)	sektar
quarteirão (m) residencial	मुहल्ला (m)	muhalla
tráfego (m)	यातायात (f)	yātāyāt
semáforo (m)	यातायात सिग्नल (m)	yātāyāt signal
transporte (m) público	जन परिवहन (m)	jan parivahan
cruzamento (m)	चौराहा (m)	chaurāha
passadeira (f)	ज़ेबरा क्रॉसिंग (f)	zebara krosing
passagem (f) subterrânea	पैदल यात्रियों के लिए अंडरपास (f)	paidal yātriyon ke lie andarapās
cruzar, atravessar (vt)	सड़क पार करना	sarak pār karana
peão (m)	पैदल-यात्री (m)	paidal-yātrī
passeio (m)	फुटपाथ (m)	futapāth
ponte (f)	पुल (m)	pul
margem (f) do rio	तट (m)	tat
fonte (f)	फौवारा (m)	fauvāra
alameda (f)	छायापथ (f)	chhāyāpath
parque (m)	पार्क (m)	pārk
bulevar (m)	चौड़ी सड़क (m)	chaurī sarak
praça (f)	मैदान (m)	maidān
avenida (f)	मार्ग (m)	mārg
rua (f)	सड़क (f)	sarak
travessa (f)	गली (f)	galī
beco (m) sem saída	बंद गली (f)	band galī
casa (f)	मकान (m)	makān
edifício, prédio (m)	इमारत (f)	imārat
arranha-céus (m)	गगनचुंबी भवन (f)	gaganachumbī bhavan
fachada (f)	अगवाड़ा (m)	agavāra

telhado (m)	छत (f)	chhat
janela (f)	खिड़की (f)	khirakī
arco (m)	मेहराब (m)	meharāb
coluna (f)	स्तंभ (m)	stambh
esquina (f)	कोना (m)	kona
montra (f)	दुकान का शो-केस (m)	dukān ka sho-kes
letreiro (m)	साईनबोर्ड (m)	saīnabord
cartaz (m)	पोस्टर (m)	postar
cartaz (m) publicitário	विज्ञापन पोस्टर (m)	vigyāpan postar
painel (m) publicitário	बिलबोर्ड (m)	bilabord
lixo (m)	कूड़ा (m)	kūra
cesta (f) do lixo	कूड़े का डिब्बा (m)	kūre ka dibba
jogar lixo na rua	कूड़ा-कर्कट डालना	kūra-karkat dālana
aterro (m) sanitário	डम्पिंग ग्राउंड (m)	damping graund
cabine (f) telefónica	फ़ोन बूथ (m)	fon būth
candeeiro (m) de rua	बिजली का खंभा (m)	bijalī ka khambha
banco (m)	पार्क-बेंच (f)	pārk-bench
polícia (m)	पुलिसवाला (m)	pulisavāla
polícia (instituição)	पुलिस (m)	pulis
mendigo (m)	भिखारी (m)	bhikhārī
sem-abrigo (m)	बेघर (m)	beghar

76. Instituições urbanas

loja (f)	दुकान (f)	dukān
farmácia (f)	दवाख़ाना (m)	davākhāna
ótica (f)	चश्मे की दुकान (f)	chashme kī dukān
centro (m) comercial	शॉपिंग मॉल (m)	shoping mol
supermercado (m)	सुपर बाज़ार (m)	supar bāzār
padaria (f)	बेकरी (f)	bekarī
padeiro (m)	बेकर (m)	bekar
pastelaria (f)	टॉफ़ी की दुकान (f)	tofī kī dukān
mercearia (f)	परचून की दुकान (f)	parachūn kī dukān
talho (m)	गोश्त की दुकान (f)	gosht kī dukān
loja (f) de legumes	सब्जियों की दुकान (f)	sabziyon kī dukān
mercado (m)	बाज़ार (m)	bāzār
café (m)	काफ़ी हाउस (m)	kāfī haus
restaurante (m)	रेस्टराँ (m)	restarān
bar (m), cervejaria (f)	शराबख़ाना (m)	sharābakhāna
pizzaria (f)	पिट्ज़ा की दुकान (f)	pitza kī dukān
salão (m) de cabeleireiro	नाई की दुकान (f)	naī kī dukān
correios (m pl)	डाकघर (m)	dākaghar
lavandaria (f)	ड्राइक्लीनर (m)	draiklīnar
estúdio (m) fotográfico	फ़ोटो की दुकान (f)	foto kī dukān
sapataria (f)	जूते की दुकान (f)	jūte kī dukān
livraria (f)	किताबों की दुकान (f)	kitābon kī dukān

loja (f) de artigos de desporto	खेलकूद की दुकान (f)	khelakūd kī dukān
reparação (f) de roupa	कपड़ों की मरम्मत की दुकान (f)	kaparon kī marammat kī dukān
aluguer (m) de roupa	कपड़ों को किराए पर देने की दुकान (f)	kaparon ko kirae par dene kī dukān
aluguer (m) de filmes	वीडियो रेन्टल दुकान (f)	vīdiyo rental dukān
circo (m)	सर्कस (m)	sarkas
jardim (m) zoológico	चिड़ियाघर (m)	chiriyāghar
cinema (m)	सिनेमाघर (m)	sinemāghar
museu (m)	संग्रहालय (m)	sangrahālay
biblioteca (f)	पुस्तकालय (m)	pustakālay
teatro (m)	रंगमंच (m)	rangamanch
ópera (f)	ओपेरा (m)	opera
clube (m) noturno	नाईट क्लब (m)	naīt klab
casino (m)	केसिनो (m)	kesino
mesquita (f)	मस्जिद (m)	masjid
sinagoga (f)	सीनागोग (m)	sīnāgog
catedral (f)	गिरजाघर (m)	girajāghar
templo (m)	मंदिर (m)	mandir
igreja (f)	गिरजाघर (m)	girajāghar
instituto (m)	कॉलेज (m)	kolej
universidade (f)	विश्वविद्यालय (m)	vishvavidyālay
escola (f)	विद्यालय (m)	vidyālay
prefeitura (f)	प्रशासक प्रान्त (m)	prashāsak prānt
câmara (f) municipal	सिटी हॉल (m)	sitī hol
hotel (m)	होटल (f)	hotal
banco (m)	बैंक (m)	baink
embaixada (f)	दूतावस (m)	dūtāvas
agência (f) de viagens	पर्यटन आफ़िस (m)	paryatan āfis
agência (f) de informações	पूछताछ कार्यालय (m)	pūchhatāchh kāryālay
casa (f) de câmbio	मुद्रालय (m)	mudrālay
metro (m)	मेट्रो (m)	metro
hospital (m)	अस्पताल (m)	aspatāl
posto (m) de gasolina	पेट्रोल पम्प (f)	petrol pamp
parque (m) de estacionamento	पार्किंग (f)	pārking

77. Transportes urbanos

autocarro (m)	बस (f)	bas
elétrico (m)	ट्रैम (m)	traim
troleicarro (m)	ट्रॉलीबस (f)	trolības
itinerário (m)	मार्ग (m)	mārg
número (m)	नम्बर (m)	nambar
ir de ... (carro, etc.)	के माध्यम से जाना	ke mādhyam se jāna
entrar (~ no autocarro)	सवार होना	savār hona

descer de ...	उतरना	utarana
paragem (f)	बस स्टॉप (m)	bas stop
próxima paragem (f)	अगला स्टॉप (m)	agala stop
ponto (m) final	अंतिम स्टेशन (m)	antim steshan
horário (m)	समय सारणी (f)	samay sāranī
esperar (vt)	इंतज़ार करना	intazār karana
bilhete (m)	टिकट (m)	tikat
custo (m) do bilhete	टिकट का किराया (m)	tikat ka kirāya
bilheteiro (m)	कैशियर (m)	kaishiyar
controlo (m) dos bilhetes	टिकट जाँच (f)	tikat jānch
revisor (m)	कंडक्टर (m)	kandaktar
atrasar-se (vr)	देर हो जाना	der ho jāna
perder (o autocarro, etc.)	छूट जाना	chhūt jāna
estar com pressa	जल्दी में रहना	jaldī men rahana
táxi (m)	टैक्सी (m)	taiksī
taxista (m)	टैक्सीवाला (m)	taiksīvāla
de táxi (ir ~)	टैक्सी से (m)	taiksī se
praça (f) de táxis	टैक्सी स्टैंड (m)	taiksī staind
chamar um táxi	टैक्सी बुलाना	taiksī bulāna
apanhar um táxi	टैक्सी लेना	taiksī lena
tráfego (m)	यातायात (f)	yātāyāt
engarrafamento (m)	ट्रैफ़िक जाम (m)	traifik jām
horas (f pl) de ponta	भीड़ का समय (m)	bhīr ka samay
estacionar (vi)	पार्क करना	pārk karana
estacionar (vt)	पार्क करना	pārk karana
parque (m) de estacionamento	पार्किंग (f)	pārking
metro (m)	मेट्रो (m)	metro
estação (f)	स्टेशन (m)	steshan
ir de metro	मेट्रो लेना	metro lena
comboio (m)	रेलगाड़ी, ट्रेन (f)	relagārī, tren
estação (f)	स्टेशन (m)	steshan

78. Turismo

monumento (m)	स्मारक (m)	smārak
fortaleza (f)	किला (m)	kila
palácio (m)	भवन (m)	bhavan
castelo (m)	महल (m)	mahal
torre (f)	मीनार (m)	mīnār
mausoléu (m)	समाधि (f)	samādhi
arquitetura (f)	वस्तुशाला (m)	vastushāla
medieval	मधययुगीय	madhayayugīy
antigo	प्राचीन	prāchīn
nacional	राष्ट्रीय	rāshtrīy
conhecido	मश्हूर	mashhūr
turista (m)	पर्यटक (m)	paryatak
guia (pessoa)	गाइड (m)	gaid

excursão (f)	पर्यटन यात्रा (m)	paryatan yātra
mostrar (vt)	दिखाना	dikhāna
contar (vt)	बताना	batāna
encontrar (vt)	ढूँढना	dhūnrhana
perder-se (vr)	खो जाना	kho jāna
mapa (~ do metrô)	नक्शा (m)	naksha
mapa (~ da cidade)	नक्शा (m)	naksha
lembrança (f), presente (m)	यादगार (m)	yādagār
loja (f) de presentes	गिफ़्ट शॉप (f)	gift shop
fotografar (vt)	फोटो खींचना	foto khīnchana
fotografar-se	अपना फ़ोटो खिंचवाना	apana foto khinchavāna

79. Compras

comprar (vt)	खरीदना	kharīdana
compra (f)	खरीदारी (f)	kharīdārī
fazer compras	खरीदारी करने जाना	kharīdārī karane jāna
compras (f pl)	खरीदारी (f)	kharīdārī
estar aberta (loja, etc.)	खुला होना	khula hona
estar fechada	बन्द होना	band hona
calçado (m)	जूता (m)	jūta
roupa (f)	पोशाक (m)	poshāk
cosméticos (m pl)	श्रृंगार-सामग्री (f)	shrrngār-sāmagrī
alimentos (m pl)	खाने-पीने की चीज़ें (f pl)	khāne-pīne kī chīzen
presente (m)	उपहार (m)	upahār
vendedor (m)	बेचनेवाला (m)	bechanevāla
vendedora (f)	बेचनेवाली (f)	bechanevālī
caixa (f)	कैश-काउन्टर (m)	kaish-kauntar
espelho (m)	आईना (m)	āīna
balcão (m)	काउन्टर (m)	kauntar
cabine (f) de provas	ट्राई करने का कमरा (m)	traī karane ka kamara
provar (vt)	ट्राई करना	traī karana
servir (vi)	फिटिंग करना	fiting karana
gostar (apreciar)	पसंद करना	pasand karana
preço (m)	दाम (m)	dām
etiqueta (f) de preço	प्राइस टैग (m)	prais taig
custar (vt)	दाम होना	dām hona
Quanto?	कितना?	kitana?
desconto (m)	डिस्काउन्ट (m)	diskaunt
não caro	सस्ता	sasta
barato	सस्ता	sasta
caro	महंगा	mahanga
É caro	यह महंगा है	yah mahanga hai
aluguer (m)	रेन्टल (m)	rental
alugar (vestidos, etc.)	किराए पर लेना	kirae par lena

crédito (m)	क्रेडिट (m)	kredit
a crédito	क्रेडिट पर	kredit par

80. Dinheiro

dinheiro (m)	पैसा (m pl)	paisa
câmbio (m)	मुद्रा विनिमय (m)	mudra vinimay
taxa (f) de câmbio	विनिमय दर (m)	vinimay dar
Caixa Multibanco (m)	एटीएम (m)	etīem
moeda (f)	सिक्का (m)	sikka
dólar (m)	डॉलर (m)	dolar
euro (m)	यूरो (m)	yūro
lira (f)	लीरा (f)	līra
marco (m)	डचमार्क (m)	dachamārk
franco (m)	फ्रांक (m)	frānk
libra (f) esterlina	पाउन्ड स्टरलिंग (m)	paund staraling
iene (m)	येन (m)	yen
dívida (f)	कर्ज़ (m)	karz
devedor (m)	क़र्ज़दार (m)	qarzadār
emprestar (vt)	कर्ज़ देना	karz dena
pedir emprestado	कर्ज़ लेना	karz lena
banco (m)	बैंक (m)	baink
conta (f)	बैंक खाता (m)	baink khāta
depositar na conta	बैंक खाते में जमा करना	baink khāte men jama karana
levantar (vt)	खाते से पैसे निकालना	khāte se paise nikālana
cartão (m) de crédito	क्रेडिट कार्ड (m)	kredit kārd
dinheiro (m) vivo	कैश (m pl)	kaish
cheque (m)	चेक (m)	chek
passar um cheque	चेक लिखना	chek likhana
livro (m) de cheques	चेकबुक (f)	chekabuk
carteira (f)	बटुआ (m)	batua
porta-moedas (m)	बटुआ (m)	batua
cofre (m)	लॉकर (m)	lokar
herdeiro (m)	उत्तराधिकारी (m)	uttarādhikārī
herança (f)	उत्तराधिकार (m)	uttarādhikār
fortuna (riqueza)	संपत्ति (f)	sampatti
arrendamento (m)	किराये पर देना (m)	kirāye par dena
renda (f) de casa	किराया (m)	kirāya
alugar (vt)	किराए पर लेना	kirae par lena
preço (m)	दाम (m)	dām
custo (m)	कीमत (f)	kīmat
soma (f)	रक़म (m)	raqam
gastar (vt)	खर्च करना	kharch karana
gastos (m pl)	खर्च (m pl)	kharch

economizar (vi)	बचत करना	bachat karana
económico	किफ़ायती	kifāyatī
pagar (vt)	दाम चुकाना	dām chukāna
pagamento (m)	भुगतान (m)	bhugatān
troco (m)	चिल्लर (m)	chillar
imposto (m)	टैक्स (m)	taiks
multa (f)	जुर्माना (m)	jurmāna
multar (vt)	जुर्माना लगाना	jurmāna lagāna

81. Correios. Serviço postal

correios (m pl)	डाकघर (m)	dākaghar
correio (m)	डाक (m)	dāk
carteiro (m)	डाकिया (m)	dākiya
horário (m)	खुलने का समय (m)	khulane ka samay
carta (f)	पत्र (m)	patr
carta (f) registada	रजिस्टरी पत्र (m)	rajistarī patr
postal (m)	पोस्ट कार्ड (m)	post kārd
telegrama (m)	तार (m)	tār
encomenda (f) postal	पार्सल (f)	pārsal
remessa (f) de dinheiro	मनी ट्रांसफर (m)	manī trānsafar
receber (vt)	पाना	pāna
enviar (vt)	भेजना	bhejana
envio (m)	भेज (m)	bhej
endereço (m)	पता (m)	pata
código (m) postal	पिन कोड (m)	pin kod
remetente (m)	भेजनेवाला (m)	bhejanevāla
destinatário (m)	पानेवाला (m)	pānevāla
nome (m)	पहला नाम (m)	pahala nām
apelido (m)	उपनाम (m)	upanām
tarifa (f)	डाक दर (m)	dāk dar
ordinário	मानक	mānak
económico	किफ़ायती	kifāyatī
peso (m)	वज़न (m)	vazan
pesar (estabelecer o peso)	तोलना	tolana
envelope (m)	लिफ़ाफ़ा (m)	lifāfa
selo (m)	डाक टिकट (m)	dāk tikat
colar o selo	डाक टिकट लगाना	dāk tikat lagāna

Moradia. Casa. Lar

82. Casa. Habitação

casa (f)	मकान (m)	makān
em casa	घर पर	ghar par
pátio (m)	आंगन (m)	āngan
cerca (f)	बाड़ (f)	bār
tijolo (m)	ईंट (f)	īnt
de tijolos	ईंट का	īnt ka
pedra (f)	पत्थर (m)	patthar
de pedra	पत्थरीला	pattharīla
betão (m)	कंक्रीट (m)	kankrīt
de betão	कंक्रीट का	kankrīt ka
novo	नया	naya
velho	पुराना	purāna
decrépito	टूटा-फूटा	tūta-fūta
moderno	आधुनिक	ādhunik
de muitos andares	बहुमंज़िला	bahumanzila
alto	ऊँचा	ūncha
andar (m)	मंज़िल (f)	manzil
de um andar	एकमंज़िला	ekamanzila
andar (m) de baixo	पहली मंज़िल (f)	pahalī manzil
andar (m) de cima	ऊपरी मंज़िल (f)	ūparī manzil
telhado (m)	छत (f)	chhat
chaminé (f)	चिमनी (f)	chimanī
telha (f)	खपड़ा (m)	khapara
de telha	टाइल का बना	tail ka bana
sótão (m)	अटारी (f)	atārī
janela (f)	खिड़की (f)	khirakī
vidro (m)	कांच (f)	kānch
parapeito (m)	विन्डो सिल (m)	vindo sil
portadas (f pl)	शट्टर (m)	shattar
parede (f)	दीवार (f)	dīvār
varanda (f)	बाल्कनी (f)	bālkanī
tubo (m) de queda	जल निकास पाइप (f)	jal nikās paip
em cima	ऊपर	ūpar
subir (~ as escadas)	ऊपर जाना	ūpar jāna
descer (vi)	नीचे उतरना	nīche utarana
mudar-se (vr)	घर बदलना	ghar badalana

83. Casa. Entrada. Elevador

entrada (f)	प्रवेश-द्वार (m)	pravesh-dvār
escada (f)	सीढ़ी (f)	sīrhī
degraus (m pl)	सीढ़ी (f)	sīrhī
corrimão (m)	रेलिंग (f pl)	reling
hall (m) de entrada	हॉल (m)	hol
caixa (f) de correio	लेटर बॉक्स (m)	letar boks
caixote (m) do lixo	कचरे का डब्बा (m)	kachare ka dabba
conduta (f) do lixo	कचरे का श्यूट (m)	kachare ka shyūt
elevador (m)	लिफ़्ट (m)	lift
elevador (m) de carga	लिफ़्ट (m)	lift
cabine (f)	लिफ़्ट (f)	lift
pegar o elevador	लिफ़्ट से जाना	lift se jāna
apartamento (m)	फ़्लैट (f)	flait
moradores (m pl)	निवासी (m)	nivāsī
vizinho (m)	पड़ोसी (m)	parosī
vizinha (f)	पड़ोसन (f)	parosan
vizinhos (pl)	पड़ोसी (m pl)	parosī

84. Casa. Portas. Fechaduras

porta (f)	दरवाज़ा (m)	daravāza
portão (m)	फाटक (m)	fātak
maçaneta (f)	हत्था (m)	hattha
destrancar (vt)	खोलना	kholana
abrir (vt)	खोलना	kholana
fechar (vt)	बंद करना	band karana
chave (f)	चाबी (f)	chābī
molho (m)	चाबियों का गुच्छा (m)	chābiyon ka guchchha
ranger (vi)	चरमराना	charamarāna
rangido (m)	चरमराने की आवाज़ (m)	charamarāne kī āvāz
dobradiça (f)	क़ब्ज़ा (m)	qabza
tapete (m) de entrada	पायदान (m)	pāyadān
fechadura (f)	ताला (m)	tāla
buraco (m) da fechadura	ताला (m)	tāla
ferrolho (m)	अर्गला (f)	argala
fecho (ferrolho pequeno)	अर्गला (f)	argala
cadeado (m)	ताला (m)	tāla
tocar (vt)	बजाना	bajāna
toque (m)	घंटी (f)	ghantī
campainha (f)	घंटी (f)	ghantī
botão (m)	घंटी (f)	ghantī
batida (f)	खटखट (f)	khatakhat
bater (vi)	खटखटाना	khatakhatāna
código (m)	कोड (m)	kod
fechadura (f) de código	कॉम्बिनेशन लॉक (m)	kombineshan lok

telefone (m) de porta	इंटरकॉम (m)	intarakom
número (m)	मकान नम्बर (m)	makān nambar
placa (f) de porta	नेम प्लेट (f)	nem plet
vigia (f), olho (m) mágico	पीप होल (m)	pīp hol

85. Casa de campo

aldeia (f)	गांव (m)	gānv
horta (f)	सब्जियों का बगीचा (m)	sabziyon ka bagīcha
cerca (f)	बाड़ा (m)	bāra
paliçada (f)	बाड़ (f)	bār
cancela (f) do jardim	छोटा फाटक (m)	chhota fātak
celeiro (m)	अनाज का गोदाम (m)	anāj ka godām
adega (f)	सब्जियों का गोदाम (m)	sabziyon ka godām
galpão, barracão (m)	शेड (m)	shed
poço (m)	कुआँ (m)	kuān
fogão (m)	चूल्हा (m)	chūlha
atiçar o fogo	चूलहा जलाना	chūlaha jalāna
lenha (carvão ou ~)	लकड़ियां (f pl)	lakariyān
acha (lenha)	लकड़ी (f)	lakarī
varanda (f)	बराम्दा (f)	barāmda
alpendre (m)	छत (f)	chhat
degraus (m pl) de entrada	पोर्च (m)	porch
balouço (m)	झूले वाली कुर्सी (f)	jhūle vālī kursī

86. Castelo. Palácio

castelo (m)	महल (m)	mahal
palácio (m)	भवन (m)	bhavan
fortaleza (f)	किला (m)	kila
muralha (f)	दीवार (f)	dīvār
torre (f)	मीनार (m)	mīnār
calabouço (m)	केन्द्रीय मीनार (m)	kendrīy mīnār
grade (f) levadiça	आरोहण द्वार (m)	ārohan dvār
passagem (f) subterrânea	भूमिगत सुरंग (m)	bhūmigat surang
fosso (m)	खाई (f)	khaī
corrente, cadeia (f)	जंजीर (f)	janjīr
seteira (f)	ऐरो लूप (m)	airo lūp
magnífico	शानदार	shānadār
majestoso	महिमामय	mahimāmay
inexpugnável	अभेद्य	abhedy
medieval	मधययुगीय	madhayayugīy

87. Apartamento

apartamento (m)	फ़्लैट (f)	flait
quarto (m)	कमरा (m)	kamara
quarto (m) de dormir	सोने का कमरा (m)	sone ka kamara
sala (f) de jantar	खाने का कमरा (m)	khāne ka kamara
sala (f) de estar	बैठक (f)	baithak
escritório (m)	घरेलू कार्यालय (m)	gharelū kāryālay
antessala (f)	प्रवेश कक्ष (m)	pravesh kaksh
quarto (m) de banho	स्नानघर (m)	snānaghar
toilette (lavabo)	शौचालय (m)	shauchālay
teto (m)	छत (f)	chhat
chão, soalho (m)	फ़र्श (m)	farsh
canto (m)	कोना (m)	kona

88. Apartamento. Limpeza

arrumar, limpar (vt)	साफ करना	sāf karana
guardar (no armário, etc.)	रख देना	rakh dena
pó (m)	धूल (m)	dhūl
empoeirado	धूसर	dhūsar
limpar o pó	धूल पोंछना	dhūl ponchhana
aspirador (m)	वैक्युम क्लीनर (m)	vaikyum klīnar
aspirar (vt)	वैक्यूम करना	vaikyūm karana
varrer (vt)	झाड़ू लगाना	jhārū lagāna
sujeira (f)	कूड़ा (m)	kūra
arrumação (f), ordem (f)	तरतीब (m)	taratīb
desordem (f)	बेतरतीब (f)	betaratīb
esfregão (m)	पोंछा (m)	ponchha
pano (m), trapo (m)	डस्टर (m)	dastar
vassoura (f)	झाड़ू (m)	jhārū
pá (f) de lixo	कूड़ा उठाने का तसला (m)	kūra uthāne ka tasala

89. Mobiliário. Interior

mobiliário (m)	फ़र्निचर (m)	farnichar
mesa (f)	मेज़ (f)	mez
cadeira (f)	कुर्सी (f)	kursī
cama (f)	पलंग (m)	palang
divã (m)	सोफ़ा (m)	sofa
cadeirão (m)	हत्थे वाली कुर्सी (f)	hatthe vālī kursī
estante (f)	किताबों की अलमारी (f)	kitābon kī alamārī
prateleira (f)	शेल्फ़ (f)	shelf
guarda-vestidos (m)	कपड़ों की अलमारी (f)	kaparon kī alamārī
cabide (m) de parede	खूँटी (f)	khūntī

cabide (m) de pé	खूँटी (f)	khūntī
cómoda (f)	कपड़ों की अलमारी (f)	kaparon kī alamārī
mesinha (f) de centro	कॉफ़ी की मेज़ (f)	kofī kī mez
espelho (m)	आईना (m)	āīna
tapete (m)	कालीन (m)	kālīn
tapete (m) pequeno	दरी (f)	darī
lareira (f)	चिमनी (f)	chimanī
vela (f)	मोमबत्ती (f)	momabattī
castiçal (m)	मोमबत्तीदान (m)	momabattīdān
cortinas (f pl)	परदे (m pl)	parade
papel (m) de parede	वॉल पेपर (m)	vol pepar
estores (f pl)	जेलुज़ी (f pl)	jeluzī
candeeiro (m) de mesa	मेज़ का लैम्प (m)	mez ka laimp
candeeiro (m) de parede	दिवार का लैम्प (m)	divār ka laimp
candeeiro (m) de pé	फ़र्श का लैम्प (m)	farsh ka laimp
lustre (m)	झूमर (m)	jhūmar
pé (de mesa, etc.)	पाँव (m)	pānv
braço (m)	कुर्सी का हत्था (m)	kursī ka hattha
costas (f pl)	कुर्सी की पीठ (f)	kursī kī pīth
gaveta (f)	दराज़ (m)	darāz

90. Quarto de dormir

roupa (f) de cama	बिस्तर के कपड़े (m)	bistar ke kapare
almofada (f)	तकिया (m)	takiya
fronha (f)	ग़िलाफ़ (m)	gilāf
cobertor (m)	रज़ाई (f)	razaī
lençol (m)	चादर (f)	chādar
colcha (f)	चादर (f)	chādar

91. Cozinha

cozinha (f)	रसोईघर (m)	rasoīghar
gás (m)	गैस (m)	gais
fogão (m) a gás	गैस का चूल्हा (m)	gais ka chūlha
fogão (m) elétrico	बिजली का चूल्हा (m)	bijalī ka chūlha
forno (m)	ओवन (m)	ovan
forno (m) de micro-ondas	माइक्रोवेव ओवन (m)	maikrovev ovan
frigorífico (m)	फ्रिज (m)	frij
congelador (m)	फ्रीज़र (m)	frījar
máquina (f) de lavar louça	डिशवॉशर (m)	dishavoshar
moedor (m) de carne	कीमा बनाने की मशीन (f)	kīma banāne kī mashīn
espremedor (m)	जूसर (m)	jūsar
torradeira (f)	टोस्टर (m)	tostar
batedeira (f)	मिक्सर (m)	miksar

máquina (f) de café	कॉफ़ी मशीन (f)	kofī mashīn
cafeteira (f)	कॉफ़ी पॉट (m)	kofī pot
moinho (m) de café	कॉफ़ी पीसने की मशीन (f)	kofī pīsane kī mashīn
chaleira (f)	केतली (f)	ketalī
bule (m)	चायदानी (f)	chāyadānī
tampa (f)	ढक्कन (m)	dhakkan
coador (m) de chá	छलनी (f)	chhalanī
colher (f)	चम्मच (m)	chammach
colher (f) de chá	चम्मच (m)	chammach
colher (f) de sopa	चम्मच (m)	chammach
garfo (m)	काँटा (m)	kānta
faca (f)	छुरी (f)	chhurī
louça (f)	बरतन (m)	baratan
prato (m)	तश्तरी (f)	tashtarī
pires (m)	तश्तरी (f)	tashtarī
cálice (m)	जाम (m)	jām
copo (m)	गिलास (m)	gilās
chávena (f)	प्याला (m)	pyāla
açucareiro (m)	चीनीदानी (f)	chīnīdānī
saleiro (m)	नमकदानी (m)	namakadānī
pimenteiro (m)	मिर्चदानी (f)	mirchadānī
manteigueira (f)	मक्खनदानी (f)	makkhanadānī
panela, caçarola (f)	सॉसपैन (m)	sosapain
frigideira (f)	फ्राइ पैन (f)	frai pain
concha (f)	डोई (f)	doī
passador (m)	कालेन्डर (m)	kālendar
bandeja (f)	थाली (m)	thālī
garrafa (f)	बोतल (f)	botal
boião (m) de vidro	शीशी (f)	shīshī
lata (f)	डिब्बा (m)	dibba
abre-garrafas (m)	बोतल ओपनर (m)	botal opanar
abre-latas (m)	ओपनर (m)	opanar
saca-rolhas (m)	पेंचकस (m)	penchakas
filtro (m)	फ़िल्टर (m)	filtar
filtrar (vt)	फ़िल्टर करना	filtar karana
lixo (m)	कूड़ा (m)	kūra
balde (m) do lixo	कूड़े की बाल्टी (f)	kūre kī bāltī

92. Casa de banho

quarto (m) de banho	स्नानघर (m)	snānaghar
água (f)	पानी (m)	pānī
torneira (f)	नल (m)	nal
água (f) quente	गरम पानी (m)	garam pānī
água (f) fria	ठंडा पानी (m)	thanda pānī

pasta (f) de dentes	टूथपेस्ट (m)	tūthapest
escovar os dentes	दांत ब्रश करना	dānt brash karana
barbear-se (vr)	शेव करना	shev karana
espuma (f) de barbear	शेविंग फ़ोम (m)	sheving fom
máquina (f) de barbear	रेज़र (f)	rezar
lavar (vt)	धोना	dhona
lavar-se (vr)	नहाना	nahāna
duche (m)	शावर (m)	shāvar
tomar um duche	शावर लेना	shāvar lena
banheira (f)	बाथटब (m)	bāthatab
sanita (f)	संडास (m)	sandās
lavatório (m)	सिंक (m)	sink
sabonete (m)	साबुन (m)	sābun
saboneteira (f)	साबुनदानी (f)	sābunadānī
esponja (f)	स्पंज (f)	spanj
champô (m)	शैम्पू (m)	shaimpū
toalha (f)	तौलिया (f)	tauliya
roupão (m) de banho	चोगा (m)	choga
lavagem (f)	धुलाई (f)	dhulaī
máquina (f) de lavar	वाशिंग मशीन (f)	voshing mashīn
lavar a roupa	कपड़े धोना	kapare dhona
detergente (m)	कपड़े धोने का पाउडर (m)	kapare dhone ka paudar

93. Eletrodomésticos

televisor (m)	टीवी सेट (m)	tīvī set
gravador (m)	टेप रिकार्डर (m)	tep rikārdar
videogravador (m)	वीडियो टेप रिकार्डर (m)	vīdiyo tep rikārdar
rádio (m)	रेडियो (m)	rediyo
leitor (m)	प्लेयर (m)	pleyar
projetor (m)	वीडियो प्रोजेक्टर (m)	vīdiyo projektar
cinema (m) em casa	होम थीएटर (m)	hom thīetar
leitor (m) de DVD	डीवीडी प्लेयर (m)	dīvīdī pleyar
amplificador (m)	ध्वनि-विस्तारक (m)	dhvani-vistārak
console (f) de jogos	वीडियो गेम कन्सोल (m)	vīdiyo gem kansol
câmara (f) de vídeo	वीडियो कैमरा (m)	vīdiyo kaimara
máquina (f) fotográfica	कैमरा (m)	kaimara
câmara (f) digital	डीजिटल कैमरा (m)	dījital kaimara
aspirador (m)	वैक्यूम क्लीनर (m)	vaikyūm klīnar
ferro (m) de engomar	इस्तरी (f)	istarī
tábua (f) de engomar	इस्तरी तख़्ता (m)	istarī takhta
telefone (m)	टेलीफ़ोन (m)	telīfon
telemóvel (m)	मोबाइल फ़ोन (m)	mobail fon
máquina (f) de escrever	टाइपराइटर (m)	taiparaitar

máquina (f) de costura	सिलाई मशीन (f)	silaī mashīn
microfone (m)	माइक्रोफ़ोन (m)	maikrofon
auscultadores (m pl)	हैड्फ़ोन (m pl)	hairafon
controlo remoto (m)	रिमोट (m)	rimot
CD (m)	सीडी (m)	sīdī
cassete (f)	कैसेट (f)	kaiset
disco (m) de vinil	रिकार्ड (m)	rikārd

94. Reparações. Renovação

renovação (f)	नवीकरण (m)	navīkaran
renovar (vt), fazer obras	नवीकरण करना	navīkaran karana
reparar (vt)	मरम्मत करना	marammat karana
consertar (vt)	ठीक करना	thīk karana
refazer (vt)	फिर से करना	fir se karana
tinta (f)	रंग (m)	rang
pintar (vt)	रंगना	rangana
pintor (m)	रोग़न करनेवाला (m)	rogan karanevāla
pincel (m)	सफ़ेदी का ब्रश (m)	safedī ka brash
cal (f)	सफ़ेदी (f)	safedī
caiar (vt)	सफ़ेदी करना	safedī karana
papel (m) de parede	वॉल-पैपर (m pl)	vol-paipar
colocar papel de parede	वाल-पैपर लगाना	vāl-paipar lagāna
verniz (m)	पॉलिश (f)	polish
envernizar (vt)	पॉलिश करना	polish karana

95. Canalizações

água (f)	पानी (m)	pānī
água (f) quente	गरम पानी (m)	garam pānī
água (f) fria	ठंडा पानी (m)	thanda pānī
torneira (f)	टोंटी (f)	tontī
gota (f)	बूंद (m)	būnd
gotejar (vi)	टपकना	tapakana
vazar (vt)	बहना	bahana
vazamento (m)	लीक (m)	līk
poça (f)	डबरा (m)	dabara
tubo (m)	पाइप (f)	paip
válvula (f)	वॉल्व (m)	volv
entupir-se (vr)	भर जाना	bhar jāna
ferramentas (f pl)	औज़ार (m pl)	auzār
chave (f) inglesa	रिंच (m)	rinch
desenroscar (vt)	खोलना	kholana
enroscar (vt)	बंद करना	band karana
desentupir (vt)	सफ़ाई करना	safaī karana

canalizador (m)	प्लम्बर (m)	plambar
cave (f)	तहख़ाना (m)	tahakhāna
sistema (m) de esgotos	मलप्रवाह-पद्धति (f)	malapravāh-paddhati

96. Fogo. Deflagração

incêndio (m)	आग (f)	āg
chama (f)	आग की लपटें (f)	āg kī lapaten
faísca (f)	चिंगारी (f)	chingārī
fumo (m)	धुँआ (m)	dhuna
tocha (f)	मशाल (m)	mashāl
fogueira (f)	कैम्प फ़ायर (m)	kaimp fāyar
gasolina (f)	पेट्रोल (m)	petrol
querosene (m)	केरोसीन (m)	kerosīn
inflamável	ज्वलनशील	jvalanashīl
explosivo	विस्फ़ोटक	visfotak
PROIBIDO FUMAR!	धुम्रपान निषेध!	dhumrapān nishedh!
segurança (f)	सुरक्षा (f)	suraksha
perigo (m)	ख़तरा (f)	khatara
perigoso	ख़तरनाक	khataranāk
incendiar-se (vr)	आग लग जाना	āg lag jāna
explosão (f)	विस्फ़ोट (m)	visfot
incendiar (vt)	आग लगाना	āg lagāna
incendiário (m)	आग लगानेवाला (m)	āg lagānevāla
incêndio (m) criminoso	आगज़नी (f)	āgazanī
arder (vi)	दहकना	dahakana
queimar (vi)	जलना	jalana
queimar tudo (vi)	जल जाना	jal jāna
bombeiro (m)	दमकल कर्मचारी (m)	damakal karmachārī
carro (m) de bombeiros	दमकल (m)	damakal
corpo (m) de bombeiros	फ़ायरब्रिगेड (m)	fāyarabriged
escada (f) extensível	फ़ायर ट्रक सीढ़ी (f)	fāyar trak sīrhī
mangueira (f)	आग बुझाने का पाइप (m)	āg bujhāne ka paip
extintor (m)	अग्निशामक (m)	agnishāmak
capacete (m)	हेलमेट (f)	helamet
sirene (f)	साइरन (m)	sairan
gritar (vi)	चिल्लाना	chillāna
chamar por socorro	मदद के लिए बुलाना	madad ke lie bulāna
salvador (m)	बचानेवाला (m)	bachānevāla
salvar, resgatar (vt)	बचाना	bachāna
chegar (vi)	पहुँचना	pahunchana
apagar (vt)	आग बुझाना	āg bujhāna
água (f)	पानी (m)	pānī
areia (f)	रेत (f)	ret
ruínas (f pl)	खंडहर (m pl)	khandahar
ruir (vi)	गिर जाना	gir jāna

desmoronar (vi)	टूटकर गिरना	tūtakar girana
desabar (vi)	ढहना	dhahana
fragmento (m)	मलबे का टुकड़ा (m)	malabe ka tukara
cinza (f)	राख (m)	rākh
sufocar (vi)	दम घुटना	dam ghutana
perecer (vi)	मर जाना	mar jāna

ATIVIDADES HUMANAS

Emprego. Negócios. Parte 1

97. Banca

banco (m)	बैंक (m)	baink
sucursal, balcão (f)	शाखा (f)	shākha
consultor (m)	क्लर्क (m)	klark
gerente (m)	मैनेजर (m)	mainejar
conta (f)	बैंक खाता (m)	baink khāta
número (m) da conta	खाते का नम्बर (m)	khāte ka nambar
conta (f) corrente	चालू खाता (m)	chālū khāta
conta (f) poupança	बचत खाता (m)	bachat khāta
abrir uma conta	खाता खोलना	khāta kholana
fechar uma conta	खाता बंद करना	khāta band karana
depositar na conta	खाते में जमा करना	khāte men jama karana
levantar (vt)	खाते से पैसा निकालना	khāte se paisa nikālana
depósito (m)	जमा (m)	jama
fazer um depósito	जमा करना	jama karana
transferência (f) bancária	तार स्थानांतरण (m)	tār sthānāntaran
transferir (vt)	पैसे स्थानांतरित करना	paise sthānāntarit karana
soma (f)	रक़म (m)	raqam
Quanto?	कितना?	kitana?
assinatura (f)	हस्ताक्षर (f)	hastākshar
assinar (vt)	हस्ताक्षर करना	hastākshar karana
cartão (m) de crédito	क्रेडिट कार्ड (m)	kredit kārd
código (m)	पिन कोड (m)	pin kod
número (m) do cartão de crédito	क्रेडिट कार्ड संख्या (f)	kredit kārd sankhya
Caixa Multibanco (m)	एटीएम (m)	etīem
cheque (m)	चेक (m)	chek
passar um cheque	चेक लिखना	chek likhana
livro (m) de cheques	चेकबुक (f)	chekabuk
empréstimo (m)	उधार (m)	uthār
pedir um empréstimo	उधार के लिए आवेदन करना	udhār ke lie āvedan karana
obter um empréstimo	उधार लेना	uthār lena
conceder um empréstimo	उधार देना	uthār dena
garantia (f)	गारन्टी (f)	gārantī

98. Telefone. Conversação telefónica

telefone (m)	फ़ोन (m)	fon
telemóvel (m)	मोबाइल फ़ोन (m)	mobail fon
secretária (f) electrónica	जवाबी मशीन (f)	javābī mashīn
fazer uma chamada	फ़ोन करना	fon karana
chamada (f)	कॉल (m)	kol
marcar um número	नम्बर लगाना	nambar lagāna
Alô!	हेलो!	helo!
perguntar (vt)	पूछना	pūchhana
responder (vt)	जवाब देना	javāb dena
ouvir (vt)	सुनना	sunana
bem	ठीक	thīk
mal	ठीक नहीं	thīk nahin
ruído (m)	आवाज़ें (f)	āvāzen
auscultador (m)	रिसीवर (m)	risīvar
pegar o telefone	फ़ोन उठाना	fon uthāna
desligar (vi)	फ़ोन रखना	fon rakhana
ocupado	बिज़ी	bizī
tocar (vi)	फ़ोन बजना	fon bajana
lista (f) telefónica	टेलीफ़ोन बुक (m)	telīfon buk
local	लोकल	lokal
de longa distância	लंबी दूरी की कॉल	lambī dūrī kī kol
internacional	अंतर्राष्ट्रीय	antarrāshtrīy

99. Telefone móvel

telemóvel (m)	मोबाइल फ़ोन (m)	mobail fon
ecrã (m)	डिस्प्ले (m)	disple
botão (m)	बटन (m)	batan
cartão SIM (m)	सिम कार्ड (m)	sim kārd
bateria (f)	बैटरी (f)	baitarī
descarregar-se	बैटरी डेड हो जाना	baitarī ded ho jāna
carregador (m)	चार्जर (m)	chārjar
menu (m)	मीनू (m)	mīnū
definições (f pl)	सेटिंग्स (f)	setings
melodia (f)	कॉलर ट्यून (m)	kolar tyūn
escolher (vt)	चुनना	chunana
calculadora (f)	कैल्कुलैटर (m)	kailkulaitar
correio (m) de voz	वॉयस मेल (f)	voyas mel
despertador (m)	अलार्म घड़ी (f)	alārm gharī
contatos (m pl)	संपर्क (m)	sampark
mensagem (f) de texto	एसएमएस (m)	esemes
assinante (m)	सदस्य (m)	sadasy

100. Estacionário

caneta (f)	बॉल पेन (m)	bol pen
caneta (f) tinteiro	फाउन्टेन पेन (m)	faunten pen
lápis (m)	पेंसिल (f)	pensil
marcador (m)	हाइलाइटर (m)	hailaitar
caneta (f) de feltro	फ़ेल्ट टिप पेन (m)	felt tip pen
bloco (m) de notas	नोटबुक (m)	notabuk
agenda (f)	डायरी (f)	dāyarī
régua (f)	स्केल (m)	skel
calculadora (f)	कैल्कुलेटर (m)	kailkuletar
borracha (f)	रबड़ (f)	rabar
pionés (m)	थंबटैक (m)	thanrbataik
clipe (m)	पेपर क्लिप (m)	pepar klip
cola (f)	गोंद (f)	gond
agrafador (m)	स्टेप्लर (m)	steplar
furador (m)	होल पंचर (m)	hol panchar
afia-lápis (m)	शार्पनर (m)	shārpanar

Emprego. Negócios. Parte 2

101. Media

jornal (m)	अख़बार (m)	akhabār
revista (f)	पत्रिका (f)	patrika
imprensa (f)	प्रेस (m)	pres
rádio (m)	रेडियो (m)	rediyo
estação (f) de rádio	रेडियो स्टेशन (m)	rediyo steshan
televisão (f)	टीवी (m)	tīvī
apresentador (m)	प्रस्तुतकर्ता (m)	prastutakarta
locutor (m)	उद्घोषक (m)	udghoshak
comentador (m)	टिप्पणीकार (m)	tippanīkār
jornalista (m)	पत्रकार (m)	patrakār
correspondente (m)	पत्रकार (m)	patrakār
repórter (m) fotográfico	फ़ोटो पत्रकार (m)	foto patrakār
repórter (m)	पत्रकार (m)	patrakār
redator (m)	संपादक (m)	sampādak
redator-chefe (m)	मुख्य संपादक (m)	mūkhy sampādak
assinar a ...	सदस्य बनना	sadasy banana
assinatura (f)	सदस्यता शुल्क (f)	sadasyata shulk
assinante (m)	सदस्य (m)	sadasy
ler (vt)	पढ़ना	parhana
leitor (m)	पाठक (m)	pāthak
tiragem (f)	प्रतियों की संख्या (f)	pratiyon kī sankhya
mensal	मासिक	māsik
semanal	सप्ताहिक	saptāhik
número (jornal, revista)	संस्करण संख्या (f)	sanskaran sankhya
recente	ताज़ा	tāza
manchete (f)	हेडलाइन (f)	hedalain
pequeno artigo (m)	लघु लेख (m)	laghu lekh
coluna (~ semanal)	कॉलम (m)	kolam
artigo (m)	लेख (m)	lekh
página (f)	पृष्ठ (m)	prshth
reportagem (f)	रिपोर्ट (f)	riport
evento (m)	घटना (f)	ghatana
sensação (f)	सनसनी (f)	sanasanī
escândalo (m)	कांड (m)	kānd
escandaloso	चौंका देने वाला	chaunka dene vāla
grande	बड़ा	bara
programa (m) de TV	प्रसारण (m)	prasāran
entrevista (f)	साक्षात्कार (m)	sākshātkār

transmissão (f) em direto	सीधा प्रसारण (m)	sīdha prasāran
canal (m)	चैनल (m)	chainal

102. Agricultura

agricultura (f)	खेती (f)	khetī
camponês (m)	किसान (m)	kisān
camponesa (f)	किसान (f)	kisān
agricultor (m)	किसान (m)	kisān
trator (m)	ट्रैक्टर (m)	traiktar
ceifeira-debulhadora (f)	फ़सल काटने की मशीन (f)	fasal kātane kī mashīn
arado (m)	हल (m)	hal
arar (vt)	जोतना	jotana
campo (m) lavrado	जोत भूमि (f)	jot bhūmi
rego (m)	जोती गई भूमि (f)	jotī gaī bhūmi
semear (vt)	बोना	bona
semeadora (f)	बोने की मशीन (f)	bone kī mashīn
semeadura (f)	बोवाई (f)	bovaī
gadanha (f)	हँसिया (m)	hansiya
gadanhar (vt)	काटना	kātana
pá (f)	कुदाल (m)	kudāl
cavar (vt)	खोदना	khodana
enxada (f)	फावड़ा (m)	fāvara
carpir (vt)	निराना	nirāna
erva (f) daninha	जंगली घास	jangalī ghās
regador (m)	सींचाई कनस्तर (m)	sīnchaī kanastar
regar (vt)	सींचना	sīnchana
rega (f)	सींचाई (f)	sīnchaī
forquilha (f)	पंजा (m)	panja
ancinho (m)	जेली (f)	jelī
fertilizante (m)	खाद (f)	khād
fertilizar (vt)	खाद डालना	khād dālana
estrume (m)	गोबर (m)	gobar
campo (m)	खेत (f)	khet
prado (m)	केदार (m)	kedār
horta (f)	सब्ज़ियों का बगीचा (m)	sabziyon ka bagīcha
pomar (m)	बाग़ (m)	bāg
pastar (vt)	चराना	charāna
pastor (m)	चरवाहा (m)	charavāha
pastagem (f)	चरागाह (f)	charāgāh
pecuária (f)	पशुपालन (m)	pashupālan
criação (f) de ovelhas	भेड़पालन (m)	bherapālan

plantação (f)	बागान (m)	bāgān
canteiro (m)	क्यारी (f)	kyārī
invernadouro (m)	पौधाघर (m)	paudhāghar
seca (f)	सूखा (f)	sūkha
seco (verão ~)	सूखा	sūkha
cereais (m pl)	अनाज (m pl)	anāj
colher (vt)	फ़सल काटना	fasal kātana
moleiro (m)	चक्कीवाला (m)	chakkīvāla
moinho (m)	चक्की (f)	chakkī
moer (vt)	पीसना	pīsana
farinha (f)	आटा (m)	āta
palha (f)	फूस (m)	fūs

103. Construção. Processo de construção

canteiro (m) de obras	निर्माण स्थल (m)	nirmān sthal
construir (vt)	निर्माण करना	nirmān karana
construtor (m)	मज़दूर (m)	mazadūr
projeto (m)	परियोजना (m)	pariyojana
arquiteto (m)	वास्तुकार (m)	vāstukār
operário (m)	मज़दूर (m)	mazadūr
fundação (f)	आधार (m)	ādhār
telhado (m)	छत (f)	chhat
estaca (f)	नींव (m)	nīnv
parede (f)	दीवार (f)	dīvār
varões (m pl) para betão	मज़बूत सलाखें (m)	mazabūt salākhen
andaime (m)	मचान (m)	machān
betão (m)	कंक्रीट (m)	kankrīt
granito (m)	ग्रेनाइट (m)	grenait
pedra (f)	पत्थर (m)	patthar
tijolo (m)	ईंट (f)	īnt
areia (f)	रेत (f)	ret
cimento (m)	सीमेन्ट (m)	sīment
emboço (m)	प्लस्तर (m)	plastar
emboçar (vt)	प्लस्तर लगाना	plastar lagāna
tinta (f)	रंग (m)	rang
pintar (vt)	रंगना	rangana
barril (m)	पीपा (m)	pīpa
grua (f), guindaste (m)	क्रेन (m)	kren
erguer (vt)	उठाना	uthāna
baixar (vt)	नीचे उतारना	nīche utārana
buldózer (m)	बुल्डोज़र (m)	buldozar
escavadora (f)	उत्खनक (m)	utkhanak
caçamba (f)	उत्खनक बाल्टी (m)	utkhanak bāltī

escavar (vt)	खोदना	khodana
capacete (m) de proteção	हेलमेट (f)	helamet

Profissões e ocupações

104. Procura de emprego. Demissão

trabalho (m)	नौकरी (f)	naukarī
pessoal (m)	कर्मचारी (m)	karmachārī
carreira (f)	व्यवसाय (m)	vyavasāy
perspetivas (f pl)	संभावना (f)	sambhāvana
mestria (f)	हुनर (m)	hunar
seleção (f)	चुनाव (m)	chunāv
agência (f) de emprego	रोज़गार केन्द्र (m)	rozagār kendr
CV, currículo (m)	रेज़्यूम (m)	rijyūm
entrevista (f) de emprego	नौकरी के लिए साक्षात्कार (m)	naukarī ke lie sākshātkār
vaga (f)	रिक्ति (f)	rikti
salário (m)	वेतन (m)	vetan
salário (m) fixo	वेतन (m)	vetan
pagamento (m)	भुगतान (m)	bhugatān
posto (m)	पद (m)	pad
dever (do empregado)	कर्तव्य (m)	kartavy
gama (f) de deveres	कार्य-क्षेत्र (m)	kāry-kshetr
ocupado	व्यस्त	vyast
despedir, demitir (vt)	बरख़ास्त करना	barakhāst karana
demissão (f)	बरख़ास्तगी (f)	barakhāstagī
desemprego (m)	बेरोज़गारी (f)	berozagārī
desempregado (m)	बेरोज़गार (m)	berozagār
reforma (f)	सेवा-निवृत्ति (f)	seva-nivrtti
reformar-se	सेवा-निवृत्त होना	seva-nivrtt hona

105. Gente de negócios

diretor (m)	निदेशक (m)	nideshak
gerente (m)	प्रबंधक (m)	prabandhak
patrão, chefe (m)	मालिक (m)	mālik
superior (m)	वरिष्ठ अधिकारी (m)	varishth adhikārī
superiores (m pl)	वरिष्ठ अधिकारी (m)	varishth adhikārī
presidente (m)	अध्यक्ष (m)	adhyaksh
presidente (m) de direção	सभाध्यक्ष (m)	sabhādhyaksh
substituto (m)	उपाध्यक्ष (m)	upādhyaksh
assistente (m)	सहायक (m)	sahāyak

secretário (m)	सेक्रटरी (f)	sekratarī
secretário (m) pessoal	निजी सहायक (m)	nijī sahāyak
homem (m) de negócios	व्यापारी (m)	vyāpārī
empresário (m)	उद्यमी (m)	udyamī
fundador (m)	संस्थापक (m)	sansthāpak
fundar (vt)	स्थापित करना	sthāpit karana
fundador, sócio (m)	स्थापक (m)	sthāpak
parceiro, sócio (m)	पार्टनर (m)	pārtanar
acionista (m)	शेयर होलडर (m)	sheyar holadar
milionário (m)	लखपति (m)	lakhapati
bilionário (m)	करोड़पति (m)	karorapati
proprietário (m)	मालिक (m)	mālik
proprietário (m) de terras	ज़मीनदार (m)	zamīnadār
cliente (m)	ग्राहक (m)	grāhak
cliente (m) habitual	खरीदार (m)	kharīdār
comprador (m)	ग्राहक (m)	grāhak
visitante (m)	आगंतुक (m)	āgantuk
profissional (m)	पेशेवर (m)	peshevar
perito (m)	विशेषज्ञ (m)	visheshagy
especialista (m)	विशेषज्ञ (m)	visheshagy
banqueiro (m)	बैंकर (m)	bainkar
corretor (m)	ब्रोकर (m)	brokar
caixa (m, f)	कैशियर (m)	kaishiyar
contabilista (m)	लेखापाल (m)	lekhāpāl
guarda (m)	पहरेदार (m)	paharedār
investidor (m)	निवेशक (m)	niveshak
devedor (m)	क़र्ज़दार (m)	qarzadār
credor (m)	लेनदार (m)	lenadār
mutuário (m)	कर्ज़दार (m)	karzadār
importador (m)	आयातकर्त्ता (m)	āyātakartta
exportador (m)	निर्यातकर्त्ता (m)	niryātakartta
produtor (m)	उत्पादक (m)	utpādak
distribuidor (m)	वितरक (m)	vitarak
intermediário (m)	बिचौलिया (m)	bichauliya
consultor (m)	सलाहकार (m)	salāhakār
representante (m)	बिक्री प्रतिनिधि (m)	bikrī pratinidhi
agente (m)	एजेंट (m)	ejent
agente (m) de seguros	बीमा एजन्ट (m)	bīma ejant

106. Profissões de serviços

cozinheiro (m)	बावरची (m)	bāvarachī
cozinheiro chefe (m)	मुख्य बावरची (m)	mukhy bāvarachī
padeiro (m)	बेकर (m)	bekar

barman (m)	बारेटेन्डर (m)	bāretendar
empregado (m) de mesa	बैरा (m)	baira
empregada (f) de mesa	बैरा (f)	baira
advogado (m)	वकील (m)	vakīl
jurista (m)	वकील (m)	vakīl
notário (m)	नोटरी (m)	notarī
eletricista (m)	बिजलीवाला (m)	bijalīvāla
canalizador (m)	प्लम्बर (m)	plambar
carpinteiro (m)	बढ़ई (m)	barhī
massagista (m)	मालिशिया (m)	mālishiya
massagista (f)	मालिशिया (m)	mālishiya
médico (m)	चिकित्सक (m)	chikitsak
taxista (m)	टैक्सीवाला (m)	taiksīvāla
condutor (automobilista)	ड्राइवर (m)	draivar
entregador (m)	कूरियर (m)	kūriyar
camareira (f)	चैम्बरमेड (f)	chaimbaramed
guarda (m)	पहरेदार (m)	paharedār
hospedeira (f) de bordo	एयर होस्टेस (f)	eyar hostes
professor (m)	शिक्षक (m)	shikshak
bibliotecário (m)	पुस्तकाध्यक्ष (m)	pustakādhyaksh
tradutor (m)	अनुवादक (m)	anuvādak
intérprete (m)	दुभाषिया (m)	dubhāshiya
guia (pessoa)	गाइड (m)	gaid
cabeleireiro (m)	नाई (m)	naī
carteiro (m)	डाकिया (m)	dākiya
vendedor (m)	विक्रेता (m)	vikreta
jardineiro (m)	माली (m)	mālī
criado (m)	नौकर (m)	naukar
criada (f)	नौकरानी (f)	naukarānī
empregada (f) de limpeza	सफ़ाईवाली (f)	safaīvālī

107. Profissões militares e postos

soldado (m) raso	सैनिक (m)	sainik
sargento (m)	सार्जेंट (m)	sārjent
tenente (m)	लेफ्टिनेंट (m)	leftinent
capitão (m)	कैप्टन (m)	kaiptan
major (m)	मेजर (m)	mejar
coronel (m)	कर्नल (m)	karnal
general (m)	जनरल (m)	janaral
marechal (m)	मार्शल (m)	mārshal
almirante (m)	एडमिरल (m)	edamiral
militar (m)	सैनिक (m)	sainik
soldado (m)	सिपाही (m)	sipāhī

oficial (m)	अफ़्सर (m)	afsar
comandante (m)	कमांडर (m)	kamāndar
guarda (m) fronteiriço	सीमा रक्षक (m)	sīma rakshak
operador (m) de rádio	रेडियो ऑपरेटर (m)	rediyo oparetar
explorador (m)	गुप्तचर (m)	guptachar
sapador (m)	युद्ध इंजीनियर (m)	yuddh injīniyar
atirador (m)	तीरंदाज़ (m)	tīrandāz
navegador (m)	नैवीगेटर (m)	naivīgetar

108. Oficiais. Padres

rei (m)	बादशाह (m)	bādashāh
rainha (f)	महारानी (f)	mahārānī
príncipe (m)	राजकुमार (m)	rājakumār
princesa (f)	राजकुमारी (f)	rājakumārī
czar (m)	राजा (m)	rāja
czarina (f)	रानी (f)	rānī
presidente (m)	राष्ट्रपति (m)	rāshtrapati
ministro (m)	मंत्री (m)	mantrī
primeiro-ministro (m)	प्रधान मंत्री (m)	pradhān mantrī
senador (m)	सांसद (m)	sānsad
diplomata (m)	राजनयिक (m)	rājanayik
cônsul (m)	राजनयिक (m)	rājanayik
embaixador (m)	राजदूत (m)	rājadūt
conselheiro (m)	राजनयिक परामर्शदाता (m)	rājanayik parāmarshadāta
funcionário (m)	अधिकारी (m)	adhikārī
prefeito (m)	अधिकारी (m)	adhikārī
Presidente (m) da Câmara	मेयर (m)	meyar
juiz (m)	न्यायाधीश (m)	nyāyādhīsh
procurador (m)	अभियोक्ता (m)	abhiyokta
missionário (m)	पादरी (m)	pādarī
monge (m)	मठवासी (m)	mathavāsī
abade (m)	मठाधीश (m)	mathādhīsh
rabino (m)	रब्बी (m)	rabbī
vizir (m)	वज़ीर (m)	vazīr
xá (m)	शाह (m)	shāh
xeque (m)	शेख़ (m)	shekh

109. Profissões agrícolas

apicultor (m)	मधुमक्खी-पालक (m)	madhumakkhī-pālak
pastor (m)	चरवाहा (m)	charavāha
agrónomo (m)	कृषिविज्ञानी (m)	krshivigyānī
criador (m) de gado	पशुपालक (m)	pashupālak

veterinário (m)	पशुचिकित्सक (m)	pashuchikitsak
agricultor (m)	किसान (m)	kisān
vinicultor (m)	मदिराकारी (m)	madirākārī
zoólogo (m)	जीव विज्ञानी (m)	jīv vigyānī
cowboy (m)	चरवाहा (m)	charavāha

110. Profissões artísticas

ator (m)	अभिनेता (m)	abhineta
atriz (f)	अभिनेत्री (f)	abhinetrī
cantor (m)	गायक (m)	gāyak
cantora (f)	गायिका (f)	gāyika
bailarino (m)	नर्तक (m)	nartak
bailarina (f)	नर्तकी (f)	nartakī
artista (m)	अदाकार (m)	adākār
artista (f)	अदाकारा (f)	adākāra
músico (m)	साज़िन्दा (m)	sāzinda
pianista (m)	पियानो वादक (m)	piyāno vādak
guitarrista (m)	गिटार वादक (m)	gitār vādak
maestro (m)	बैंड कंडक्टर (m)	baind kandaktar
compositor (m)	संगीतकार (m)	sangītakār
empresário (m)	इम्प्रेसारियो (m)	impresāriyo
realizador (m)	निर्देशक (m)	nirdeshak
produtor (m)	प्रोड्यूसर (m)	prodyūsar
argumentista (m)	लेखक (m)	lekhak
crítico (m)	आलोचक (m)	ālochak
escritor (m)	लेखक (m)	lekhak
poeta (m)	कवि (m)	kavi
escultor (m)	मूर्तिकार (m)	mūrtikār
pintor (m)	चित्रकार (m)	chitrakār
malabarista (m)	बाज़ीगर (m)	bāzīgar
palhaço (m)	जोकर (m)	jokar
acrobata (m)	कलाबाज़ (m)	kalābāz
mágico (m)	जादूगर (m)	jādūgar

111. Várias profissões

médico (m)	चिकित्सक (m)	chikitsak
enfermeira (f)	नर्स (m)	nars
psiquiatra (m)	मनोचिकित्सक (m)	manochikitsak
estomatologista (m)	दंतचिकित्सक (m)	dantachikitsak
cirurgião (m)	शल्य-चिकित्सक (m)	shaly-chikitsak
astronauta (m)	अंतरिक्षयात्री (m)	antarikshayātrī

astrónomo (m)	खगोल-विज्ञानी (m)	khagol-vigyānī
piloto (m)	पाइलट (m)	pailat
motorista (m)	ड्राइवर (m)	draivar
maquinista (m)	इंजन ड्राइवर (m)	injan draivar
mecânico (m)	मैकेनिक (m)	maikenik
mineiro (m)	खनिक (m)	khanik
operário (m)	मज़दूर (m)	mazadūr
serralheiro (m)	ताला बनानेवाला (m)	tāla banānevāla
marceneiro (m)	बढ़ई (m)	barhī
torneiro (m)	खरादी (m)	kharādī
construtor (m)	मज़ूदर (m)	mazūdar
soldador (m)	वेल्डर (m)	veldar
professor (m) catedrático	प्रोफ़ेसर (m)	profesar
arquiteto (m)	वास्तुकार (m)	vāstukār
historiador (m)	इतिहासकार (m)	itihāsakār
cientista (m)	वैज्ञानिक (m)	vaigyānik
físico (m)	भौतिक विज्ञानी (m)	bhautik vigyānī
químico (m)	रसायनविज्ञानी (m)	rasāyanavigyānī
arqueólogo (m)	पुरातत्वविद (m)	purātatvavid
geólogo (m)	भूविज्ञानी (m)	bhūvigyānī
pesquisador (cientista)	शोधकर्ता (m)	shodhakarta
babysitter (f)	दाई (f)	daī
professor (m)	शिक्षक (m)	shikshak
redator (m)	संपादक (m)	sampādak
redator-chefe (m)	मूख्य संपादक (m)	mūkhy sampādak
correspondente (m)	पत्रकार (m)	patrakār
datilógrafa (f)	टाइपिस्ट (f)	taipist
designer (m)	डिज़ाइनर (m)	dizainar
especialista (m) em informática	कंप्यूटर विशेषज्ञ (m)	kampyūtar visheshagy
programador (m)	प्रोग्रामर (m)	progrāmar
engenheiro (m)	इंजीनियर (m)	injīniyar
marujo (m)	मल्लाह (m)	mallāh
marinheiro (m)	मल्लाह (m)	mallāh
salvador (m)	बचानेवाला (m)	bachānevāla
bombeiro (m)	दमकल कर्मचारी (m)	damakal karmachārī
polícia (m)	पुलिसवाला (m)	pulisavāla
guarda-noturno (m)	पहरेदार (m)	paharedār
detetive (m)	जासूस (m)	jāsūs
funcionário (m) da alfândega	सीमाशुल्क अधिकारी (m)	sīmāshulk adhikārī
guarda-costas (m)	अंगरक्षक (m)	angarakshak
guarda (m) prisional	जेल का पहरेदार (m)	jel ka paharedār
inspetor (m)	अधीक्षक (m)	adhīkshak
desportista (m)	खिलाड़ी (m)	khilārī
treinador (m)	प्रशिक्षक (m)	prashikshak
talhante (m)	कसाई (m)	kasaī

sapateiro (m)	मोची (m)	mochī
comerciante (m)	व्यापारी (m)	vyāpārī
carregador (m)	कुली (m)	kulī
estilista (m)	फैशन डिज़ाइनर (m)	faishan dizainar
modelo (f)	मॉडल (m)	modal

112. Ocupações. Estatuto social

aluno, escolar (m)	छात्र (m)	chhātr
estudante (~ universitária)	विद्यार्थी (m)	vidyārthī
filósofo (m)	दर्शनशास्त्री (m)	darshanashāstrī
economista (m)	अर्थशास्त्री (m)	arthashāstrī
inventor (m)	आविष्कारक (m)	āvishkārak
desempregado (m)	बेरोज़गार (m)	berozagār
reformado (m)	सेवा-निवृत्त (m)	seva-nivrtt
espião (m)	गुप्तचर (m)	guptachar
preso (m)	क़ैदी (m)	qaidī
grevista (m)	हड़तालकारी (m)	haratālakārī
burocrata (m)	अफ़सरशाह (m)	afasarashāh
viajante (m)	यात्री (m)	yātrī
homossexual (m)	समलैंगिक (m)	samalaingik
hacker (m)	हैकर (m)	haikar
bandido (m)	डाकू (m)	dākū
assassino (m) a soldo	हत्यारा (m)	hatyāra
toxicodependente (m)	नशेबाज़ (m)	nashebāz
traficante (m)	नशीली दवाओं का विक्रेता (m)	nashīlī davaon ka vikreta
prostituta (f)	वैश्या (f)	vaishya
chulo (m)	दलाल (m)	dalāl
bruxo (m)	जादूगर (m)	jādūgar
bruxa (f)	डायन (f)	dāyan
pirata (m)	समुद्री लूटेरा (m)	samudrī lūtera
escravo (m)	दास (m)	dās
samurai (m)	सामुराई (m)	sāmuraī
selvagem (m)	जंगली (m)	jangalī

Desportos

113. Tipos de desportos. Desportistas

desportista (m)	खिलाड़ी (m)	khilārī
tipo (m) de desporto	खेल (m)	khel
basquetebol (m)	बास्केटबॉल (f)	bāsketabol
jogador (m) de basquetebol	बास्केटबॉल खिलाड़ी (m)	bāsketabol khilārī
beisebol (m)	बेसबॉल (f)	besabol
jogador (m) de beisebol	बेसबॉल खिलाड़ी (m)	besabol khilārī
futebol (m)	फुटबॉल (f)	futabol
futebolista (m)	फुटबॉल खिलाड़ी (m)	futabol khilārī
guarda-redes (m)	गोलची (m)	golachī
hóquei (m)	हॉकी (f)	hokī
jogador (m) de hóquei	हॉकी खिलाड़ी (m)	hokī khilārī
voleibol (m)	वॉलीबॉल (f)	volībol
jogador (m) de voleibol	वॉलीबॉल खिलाड़ी (m)	volībol khilārī
boxe (m)	मुक्केबाज़ी (f)	mukkebāzī
boxeador, pugilista (m)	मुक्केबाज़ (m)	mukkebāz
luta (f)	कुश्ती (m)	kushtī
lutador (m)	पहलवान (m)	pahalavān
karaté (m)	कराटे (m)	karāte
karateca (m)	कराटेबाज़ (m)	karātebāz
judo (m)	जूडो (m)	jūdo
judoca (m)	जूडोबाज़ (m)	jūdobāz
ténis (m)	टेनिस (m)	tenis
tenista (m)	टेनिस खिलाड़ी (m)	tenis khilārī
natação (f)	तैराकी (m)	tairākī
nadador (m)	तैराक (m)	tairāk
esgrima (f)	तलवारबाज़ी (f)	talavārabāzī
esgrimista (m)	तलवारबाज़ (m)	talavārabāz
xadrez (m)	शतरंज (m)	shataranj
xadrezista (m)	शतरंजबाज़ (m)	shatanrajabāz
alpinismo (m)	पर्वतारोहण (m)	parvatārohan
alpinista (m)	पर्वतारोही (m)	parvatārohī
corrida (f)	दौड़ (f)	daur

corredor (m)	धावक (m)	dhāvak
atletismo (m)	एथलेटिक्स (f)	ethaletiks
atleta (m)	एथलीट (m)	ethalīt
hipismo (m)	घुड़सवारी (f)	ghurasavārī
cavaleiro (m)	घुड़सवार (m)	ghurasavār
patinagem (f) artística	फ़ीगर स्केटिन्ग (m)	fīgar sketing
patinador (m)	फ़ीगर स्केटर (m)	fīgar sketar
patinadora (f)	फ़ीगर स्केटर (f)	fīgar sketar
halterofilismo (m)	पॉवरलिफ्टिंग (m)	povaralifting
corrida (f) de carros	कार रेस (f)	kār res
piloto (m)	रेस ड्राइवर (m)	res draivar
ciclismo (m)	साइकिलिंग (f)	saikiling
ciclista (m)	साइकिल चालक (m)	saikil chālak
salto (m) em comprimento	लांग जम्प (m)	lāng jamp
salto (m) à vara	बांस कूद (m)	bāns kūd
atleta (m) de saltos	जम्पर (m)	jampar

114. Tipos de desportos. Diversos

futebol (m) americano	फ़ुटबाल (m)	futabāl
badminton (m)	बैडमिंटन (m)	baidamintan
biatlo (m)	बायएथलॉन (m)	bāyethalon
bilhar (m)	बिलियर्ड्स (m)	biliyards
bobsled (m)	बोबस्लेड (m)	bobasled
musculação (f)	बॉडीबिल्डिंग (m)	bodībilding
polo (m) aquático	वॉटर-पोलो (m)	votar-polo
andebol (m)	हैन्डबॉल (f)	haindabol
golfe (m)	गोल्फ़ (m)	golf
remo (m)	नौकायन (m)	naukāyan
mergulho (m)	स्कूबा डाइविंग (f)	skūba daiving
corrida (f) de esqui	क्रॉस कंट्री स्कीइंग (f)	kros kantrī skīing
ténis (m) de mesa	टेबल टेनिस (m)	tebal tenis
vela (f)	पाल नौकायन (m)	pāl naukāyan
rali (m)	रैली रेसिंग (f)	railī resing
râguebi (m)	रग्बी (m)	ragbī
snowboard (m)	स्नोबोर्डिंग (m)	snobording
tiro (m) com arco	तीरंदाज़ी (f)	tīrandāzī

115. Ginásio

barra (f)	वेट (m)	vet
halteres (m pl)	डाम्बबेल्स (m pl)	dāmbabels
aparelho (m) de musculaçao	ट्रेनिंग मशीन (f)	trening mashīn
bicicleta (f) ergométrica	व्यायाम साइकिल (f)	vyāyām saikil

passadeira (f) de corrida	ट्रेडमिल (f)	tredamil
barra (f) fixa	क्षैतिज बार (m)	kshaitij bār
barras (f) paralelas	समानांतर बार (m)	samānāntar bār
cavalo (m)	घोड़ा (m)	ghora
tapete (m) de ginástica	मैट (m)	mait
aeróbica (f)	एरोबिक (m)	erobik
ioga (f)	योग (m)	yog

116. Desportos. Diversos

Jogos (m pl) Olímpicos	ओलिम्पिक खेल (m pl)	olimpik khel
vencedor (m)	विजेता (m)	vijeta
vencer (vi)	विजय पाना	vijay pāna
vencer, ganhar (vi)	जीतना	jītana
líder (m)	लीडर (m)	līdar
liderar (vt)	लीड करना	līd karana
primeiro lugar (m)	पहला स्थान (m)	pahala sthān
segundo lugar (m)	दूसरा स्थान (m)	dūsara sthān
terceiro lugar (m)	तीसरा स्थान (m)	tīsara sthān
medalha (f)	मेडल (m)	medal
troféu (m)	ट्रॉफ़ी (f)	trofī
taça (f)	कप (m)	kap
prémio (m)	पुरस्कार (m)	puraskār
prémio (m) principal	मुख्य पुरस्कार (m)	mukhy puraskār
recorde (m)	रिकॉर्ड (m)	rikord
estabelecer um recorde	रिकॉर्ड बनाना	rikord banāna
final (m)	फ़ाइनल (m)	fainal
final	अंतिम	antim
campeão (m)	चेम्पियन (m)	chempiyan
campeonato (m)	चैम्पियनशिप (f)	chaimpiyanaship
estádio (m)	स्टेडियम (m)	stediyam
bancadas (f pl)	सीट (f)	sīt
fã, adepto (m)	फ़ैन (m)	fain
adversário (m)	प्रतिद्वंद्वी (f)	pratidvandvī
partida (f)	स्टार्ट (m)	stārt
chegada, meta (f)	फ़िनिश (f)	finish
derrota (f)	हार (f)	hār
perder (vt)	हारना	hārana
árbitro (m)	रेफ़री (m)	refarī
júri (m)	ज्यूरी (m)	jyūrī
resultado (m)	स्कोर (m)	skor
empate (m)	टाई (m)	taī
empatar (vi)	खेल टाइ करना	khel tai karana

ponto (m)	अंक (m)	ank
resultado (m) final	नतीजा (m)	natīja
tempo, período (m)	टाइम (m)	taim
intervalo (m)	हाफ़ टाइम (m)	hāf taim
doping (m)	अवैध दवाओं का इस्तेमाल (m)	avaidh davaon ka istemāl
penalizar (vt)	पेनल्टी लगाना	penaltī lagāna
desqualificar (vt)	डिस्क्वेलिफ़ाई करना	diskvelifaī karana
aparelho (m)	खेलकूद का सामान (m)	khelakūd ka sāmān
dardo (m)	भाला (m)	bhāla
peso (m)	गोला (m)	gola
bola (f)	गेंद (m)	gend
alvo, objetivo (m)	निशाना (m)	nishāna
alvo (~ de papel)	निशाना (m)	nishāna
atirar, disparar (vi)	गोली चलाना	golī chalāna
preciso (tiro ~)	सटीक	satīk
treinador (m)	प्रशिक्षक (m)	prashikshak
treinar (vt)	प्रशिक्षित करना	prashikshit karana
treinar-se (vr)	प्रशिक्षण करना	prashikshan karana
treino (m)	प्रशिक्षण (f)	prashikshan
ginásio (m)	जिम (m)	jim
exercício (m)	व्यायाम (m)	vyāyām
aquecimento (m)	वार्म-अप (m)	vārm-ap

Educação

117. Escola

escola (f)	पाठशाला (m)	pāthashāla
diretor (m) de escola	प्रिंसिपल (m)	prinsipal
aluno (m)	छात्र (m)	chhātr
aluna (f)	छात्रा (f)	chhātra
escolar (m)	छात्र (m)	chhātr
escolar (f)	छात्रा (f)	chhātra
ensinar (vt)	पढ़ाना	parhāna
aprender (vt)	पढ़ना	parhana
aprender de cor	याद करना	yād karana
estudar (vi)	सीखना	sīkhana
andar na escola	स्कूल में पढ़ना	skūl men parhana
ir à escola	स्कूल जाना	skūl jāna
alfabeto (m)	वर्णमाला (f)	varnamāla
disciplina (f)	विषय (m)	vishay
sala (f) de aula	कक्षा (f)	kaksha
lição (f)	पाठ (m)	pāth
recreio (m)	अंतराल (m)	antarāl
toque (m)	स्कूल की घंटी (f)	skūl kī ghantī
carteira (f)	बेंच (f)	bench
quadro (m) negro	चॉकबोर्ड (m)	chokabord
nota (f)	अंक (m)	ank
boa nota (f)	अच्छे अंक (m)	achchhe ank
nota (f) baixa	कम अंक (m)	kam ank
dar uma nota	मार्क्स देना	mārks dena
erro (m)	ग़लती (f)	galatī
fazer erros	ग़लती करना	galatī karana
corrigir (vt)	ठीक करना	thīk karana
cábula (f)	कुंजी (f)	kunjī
dever (m) de casa	गृहकार्य (m)	grhakāry
exercício (m)	अभ्यास (m)	abhyās
estar presente	उपस्थित होना	upasthit hona
estar ausente	अनुपस्थित होना	anupasthit hona
punir (vt)	सज़ा देना	saza dena
punição (f)	सज़ा (f)	saza
comportamento (m)	बरताव (m)	baratāv

boletim (m) escolar	रिपोर्ट कार्ड (f)	riport kārd
lápis (m)	पेंसिल (f)	pensil
borracha (f)	रबड़ (f)	rabar
giz (m)	चॉक (m)	chok
estojo (m)	पेंसिल का डिब्बा (m)	pensil ka dibba
pasta (f) escolar	बस्ता (m)	basta
caneta (f)	कलम (m)	kalam
caderno (m)	कॉपी (f)	kopī
manual (m) escolar	पाठ्यपुस्तक (f)	pāthyapustak
compasso (m)	कंपास (m)	kampās
traçar (vt)	तकनीकी चित्रकारी बनाना	takanīkī chitrakārī banāna
desenho (m) técnico	तकनीकी चित्रकारी (f)	takanīkī chitrakārī
poesia (f)	कविता (f)	kavita
de cor	रटकर	ratakar
aprender de cor	याद करना	yād karana
férias (f pl)	छुट्टियाँ (f pl)	chhuttiyān
estar de férias	छुट्टी पर होना	chhuttī par hona
teste (m)	परीक्षा (f)	parīksha
composição, redação (f)	रचना (f)	rachana
ditado (m)	श्रुतलेख (m)	shrutalekh
exame (m)	परीक्षा (f)	parīksha
fazer exame	परीक्षा देना	parīksha dena
experiência (~ química)	परीक्षण (m)	parīkshan

118. Colégio. Universidade

academia (f)	अकादमी (f)	akādamī
universidade (f)	विश्वविद्यालय (m)	vishvavidyālay
faculdade (f)	संकाय (f)	sankāy
estudante (m)	छात्र (m)	chhātr
estudante (f)	छात्रा (f)	chhātra
professor (m)	अध्यापक (m)	adhyāpak
sala (f) de palestras	व्याख्यान कक्ष (m)	vyākhyān kaksh
graduado (m)	स्नातक (m)	snātak
diploma (m)	डिप्लोमा (m)	diploma
tese (f)	शोधनिबंध (m)	shodhanibandh
estudo (obra)	अध्ययन (m)	adhyayan
laboratório (m)	प्रयोगशाला (f)	prayogashāla
palestra (f)	व्याख्यान (f)	vyākhyān
colega (m) de curso	सहपाठी (m)	sahapāthī
bolsa (f) de estudos	छात्रवृत्ति (f)	chhātravrtti
grau (m) académico	शैक्षणिक डिग्री (f)	shaikshanik digrī

119. Ciências. Disciplinas

matemática (f)	गणितशास्त्र (m)	ganitashāstr
álgebra (f)	बीजगणित (m)	bījaganit
geometria (f)	रेखागणित (m)	rekhāganit
astronomia (f)	खगोलवैज्ञान (m)	khagolavaigyān
biologia (f)	जीवविज्ञान (m)	jīvavigyān
geografia (f)	भूगोल (m)	bhūgol
geologia (f)	भूविज्ञान (m)	bhūvigyān
história (f)	इतिहास (m)	itihās
medicina (f)	चिकित्सा (m)	chikitsa
pedagogia (f)	शिक्षाविज्ञान (m)	shikshāvigyān
direito (m)	कानून (m)	kānūn
física (f)	भौतिकविज्ञान (m)	bhautikavigyān
química (f)	रसायन (m)	rasāyan
filosofia (f)	दर्शनशास्त्र (m)	darshanashāstr
psicologia (f)	मनोविज्ञान (m)	manovigyān

120. Sistema de escrita. Ortografia

gramática (f)	व्याकरण (m)	vyākaran
vocabulário (m)	शब्दावली (f)	shabdāvalī
fonética (f)	स्वरविज्ञान (m)	svaravigyān
substantivo (m)	संज्ञा (f)	sangya
adjetivo (m)	विशेषण (m)	visheshan
verbo (m)	क्रिया (m)	kriya
advérbio (m)	क्रिया विशेषण (f)	kriya visheshan
pronome (m)	सर्वनाम (m)	sarvanām
interjeição (f)	विस्मयादिबोधक (m)	vismayādibodhak
preposição (f)	पूर्वसर्ग (m)	pūrvasarg
raiz (f) da palavra	मूल शब्द (m)	mūl shabd
terminação (f)	अन्त्याक्षर (m)	antyākshar
prefixo (m)	उपसर्ग (m)	upasarg
sílaba (f)	अक्षर (m)	akshar
sufixo (m)	प्रत्यय (m)	pratyay
acento (m)	बल चिह्न (m)	bal chihn
apóstrofo (m)	वर्णलोप चिह्न (m)	varnalop chihn
ponto (m)	पूर्णविराम (m)	pūrnavirām
vírgula (f)	उपविराम (m)	upavirām
ponto e vírgula (m)	अर्धविराम (m)	ardhavirām
dois pontos (m pl)	कोलन (m)	kolan
reticências (f pl)	तीन बिन्दु (m)	tīn bindu
ponto (m) de interrogação	प्रश्न चिह्न (m)	prashn chihn
ponto (m) de exclamação	विस्मयादिबोधक चिह्न (m)	vismayādibodhak chihn

aspas (f pl)	उद्धरण चिह्न (m)	uddharan chihn
entre aspas	उद्धरण चिह्न में	uddharan chihn men
parênteses (m pl)	कोष्ठक (m pl)	koshthak
entre parênteses	कोष्ठक में	koshthak men
hífen (m)	हाइफन (m)	haifan
travessão (m)	डैश (m)	daish
espaço (m)	रिक्त स्थान (m)	rikt sthān
letra (f)	अक्षर (m)	akshar
letra (f) maiúscula	बड़ा अक्षर (m)	bara akshar
vogal (f)	स्वर (m)	svar
consoante (f)	समस्वर (m)	samasvar
frase (f)	वाक्य (m)	vāky
sujeito (m)	कर्ता (m)	kartta
predicado (m)	विधेय (m)	vidhey
linha (f)	पंक्ति (f)	pankti
em uma nova linha	नई पंक्ति पर	naī pankti par
parágrafo (m)	अनुच्छेद (m)	anuchchhed
palavra (f)	शब्द (m)	shabd
grupo (m) de palavras	शब्दों का समूह (m)	shabdon ka samūh
expressão (f)	अभिव्यक्ति (f)	abhivyakti
sinónimo (m)	समनार्थक शब्द (m)	samanārthak shabd
antónimo (m)	विपरीतार्थी शब्द (m)	viparītārthī shabd
regra (f)	नियम (m)	niyam
exceção (f)	अपवाद (m)	apavād
correto	ठीक	thīk
conjugação (f)	क्रियारूप संयोजन (m)	kriyārūp sanyojan
declinação (f)	विभक्ति-रूप (m)	vibhakti-rūp
caso (m)	कारक (m)	kārak
pergunta (f)	प्रश्न (m)	prashn
sublinhar (vt)	रेखांकित करना	rekhānkit karana
linha (f) pontilhada	बिन्दुरेखा (f)	bindurekha

121. Línguas estrangeiras

língua (f)	भाषा (f)	bhāsha
língua (f) estrangeira	विदेशी भाषा (f)	videshī bhāsha
estudar (vt)	पढ़ना	parhana
aprender (vt)	सीखना	sīkhana
ler (vt)	पढ़ना	parhana
falar (vi)	बोलना	bolana
compreender (vt)	समझना	samajhana
escrever (vt)	लिखना	likhana
rapidamente	तेज़	tez
devagar	धीरे	dhīre

fluentemente	धड़ल्ले से	dharalle se
regras (f pl)	नियम (m pl)	niyam
gramática (f)	व्याकरण (m)	vyākaran
vocabulário (m)	शब्दावली (f)	shabdāvalī
fonética (f)	स्वरविज्ञान (m)	svaravigyān
manual (m) escolar	पाठ्यपुस्तक (f)	pāthyapustak
dicionário (m)	शब्दकोश (m)	shabdakosh
manual (m) de autoaprendizagem	स्वयंशिक्षक पुस्तक (m)	svayanshikshak pustak
guia (m) de conversação	वार्त्तालाप-पुस्तिका (f)	vārttālāp-pustika
cassete (f)	कैसेट (f)	kaiset
vídeo cassete (m)	वीडियो कैसेट (m)	vīdiyo kaiset
CD (m)	सीडी (m)	sīdī
DVD (m)	डीवीडी (m)	dīvīdī
alfabeto (m)	वर्णमाला (f)	varnamāla
soletrar (vt)	हिज्जे करना	hijje karana
pronúncia (f)	उच्चारण (m)	uchchāran
sotaque (m)	लहज़ा (m)	lahaza
com sotaque	लहज़े के साथ	lahaze ke sāth
sem sotaque	बिना लहज़े	bina lahaze
palavra (f)	शब्द (m)	shabd
sentido (m)	मतलब (m)	matalab
cursos (m pl)	पाठ्यक्रम (m)	pāthyakram
inscrever-se (vr)	सदस्य बनना	sadasy banana
professor (m)	शिक्षक (m)	shikshak
tradução (processo)	तर्जुमा (m)	tarjuma
tradução (texto)	अनुवाद (m)	anuvād
tradutor (m)	अनुवादक (m)	anuvādak
intérprete (m)	दुभाषिया (m)	dubhāshiya
poliglota (m)	बहुभाषी (m)	bahubhāshī
memória (f)	स्मृति (f)	smrti

122. Personagens de contos de fadas

Pai (m) Natal	सांता क्लॉज़ (m)	sānta kloz
sereia (f)	जलपरी (f)	jalaparī
mago (m)	जादूगर (m)	jādūgar
fada (f)	परी (f)	parī
mágico	जादूई	jādūī
varinha (f) mágica	जादू की छड़ी (f)	jādū kī chharī
conto (m) de fadas	परियों की कहानी (f)	pariyon kī kahānī
milagre (m)	करामात (f)	karāmāt
anão (m)	बौना (m)	bauna
transformar-se em ...	... में बदल जाना	... men badal jāna

fantasma (m)	प्रेत (m)	pret
espetro (m)	भूत (m)	bhūt
monstro (m)	राक्षस (m)	rākshas
dragão (m)	पंखवाला नाग (m)	pankhavāla nāg
gigante (m)	भीमकाय (m)	bhīmakāy

123. Signos do Zodíaco

Carneiro	मेष (m)	mesh
Touro	वृषभ (m)	vrshabh
Gémeos	मिथुन (m)	mithun
Caranguejo	कर्क (m)	kark
Leão	सिंह (m)	sinh
Virgem (f)	कन्या (f)	kanya
Balança	तुला (f pl)	tula
Escorpião	वृश्चिक (m)	vrshchik
Sagitário	धनु (m)	dhanu
Capricórnio	मकर (m)	makar
Aquário	कुंभ (m)	kumbh
Peixes	मीन (m pl)	mīn
caráter (m)	स्वभाव (m)	svabhāv
traços (m pl) do caráter	गुण (m pl)	gun
comportamento (m)	बरताव (m)	baratāv
predizer (vt)	भविष्यवाणी करना	bhavishyavānī karana
adivinha (f)	ज्योतिषी (m)	jyotishī
horóscopo (m)	जन्म कुंडली (f)	janm kundalī

Artes

124. Teatro

teatro (m)	रंगमंच (m)	rangamanch
ópera (f)	ओपेरा (m)	opera
opereta (f)	ऑपेराटा (m)	operāta
balé (m)	बैले (m)	baile
cartaz (m)	रंगमंच इश्तहार (m)	rangamanch ishtahār
companhia (f) teatral	थियेटर कंपनी (f)	thiyetar kampanī
turné (digressão)	दौरा (m)	daura
estar em turné	दौरे पर जाना	daure par jāna
ensaiar (vt)	अभ्यास करना	abhyās karana
ensaio (m)	अभ्यास (m)	abhyās
repertório (m)	प्रदर्शनों की सूची (f)	pradarshanon kī sūchī
apresentação (f)	प्रदर्शन (m)	pradarshan
espetáculo (m)	प्रदर्शन (m)	pradarshan
peça (f)	नाटक (m)	nātak
bilhete (m)	टिकट (m)	tikat
bilheteira (f)	टिकट घर (m)	tikat ghar
hall (m)	हॉल (m)	hol
guarda-roupa (m)	कपड़द्वार (m)	kaparadvār
senha (f) numerada	कपड़द्वार टैग (m)	kaparadvār taig
binóculo (m)	दूरबीन (f)	dūrabīn
lanterninha (m)	कंडक्टर (m)	kandaktar
plateia (f)	सीटें (f)	sīten
balcão (m)	अपर सर्कल (m)	apar sarkal
primeiro balcão (m)	दूसरी मंज़िल (f)	dūsarī manzil
camarote (m)	बॉक्स (m)	boks
fila (f)	कतार (m)	katār
assento (m)	सीट (f)	sīt
público (m)	दर्शक (m)	darshak
espetador (m)	दर्शक (m)	darshak
aplaudir (vt)	ताली बजाना	tālī bajāna
aplausos (m pl)	तालियाँ (f pl)	tāliyān
ovação (f)	तालियों की गड़गड़ाहट (m)	tāliyon kī garagarāhat
palco (m)	मंच (m)	manch
pano (m) de boca	पर्दा (m)	parda
cenário (m)	मंच सज्जा (f)	manch sajja
bastidores (m pl)	नेपथ्य (m pl)	nepathy
cena (f)	दृश्य (m)	drshy
ato (m)	एक्ट (m)	ekt
entreato (m)	अंतराल (m)	antarāl

125. Cinema

ator (m)	अभिनेता (m)	abhineta
atriz (f)	अभिनेत्री (f)	abhinetrī
cinema (m)	सिनेमा (m)	sinema
filme (m)	फ़िल्म (m)	film
episódio (m)	उपकथा (m)	upakatha
filme (m) policial	जासूसी फ़िल्म (f)	jāsūsī film
filme (m) de ação	एक्शन फ़िल्म (f)	ekshan film
filme (m) de aventuras	जोखिम भरी फ़िल्म (f)	jokhim bharī film
filme (m) de ficção científica	कल्पित विज्ञान की फ़िल्म (f)	kalpit vigyān kī film
filme (m) de terror	डरावनी फ़िल्म (f)	darāvanī film
comédia (f)	मज़ाकिया फ़िल्म (f)	mazākiya film
melodrama (m)	भावुक नाटक (m)	bhāvuk nātak
drama (m)	नाटक (m)	nātak
filme (m) ficcional	काल्पनिक फ़िल्म (f)	kālpanik film
documentário (m)	वृत्तचित्र (m)	vrttachitr
desenho (m) animado	कार्टून (m)	kārtūn
cinema (m) mudo	मूक फ़िल्म (f)	mūk film
papel (m)	भूमिका (f)	bhūmika
papel (m) principal	मुख्य भूमिका (f)	mūkhy bhūmika
representar (vt)	भूमिका निभाना	bhūmika nibhāna
estrela (f) de cinema	फ़िल्म स्टार (m)	film stār
conhecido	मशहूर	mashahūr
famoso	मशहूर	mashahūr
popular	लोकप्रिय	lokapriy
argumento (m)	पटकथा (f)	patakatha
argumentista (m)	पटकथा लेखक (m)	patakatha lekhak
realizador (m)	निर्देशक (m)	nirdeshak
produtor (m)	प्रड्यूसर (m)	pradyūsar
assistente (m)	सहायक (m)	sahāyak
diretor (m) de fotografia	कैमरामैन (m)	kaimarāmain
duplo (m)	स्टंटमैन (m)	stantamain
filmar (vt)	फ़िल्म शूट करना	film shūt karana
audição (f)	स्क्रीन टेस्ट (m)	skrīn test
filmagem (f)	शूटिंग (f pl)	shūting
equipe (f) de filmagem	शूटिंग दल (m)	shūting dal
set (m) de filmagem	शूटिंग स्थल (m)	shuting sthal
câmara (f)	कैमरा (m)	kaimara
cinema (m)	सिनेमाघर (m)	sinemāghar
ecrã (m), tela (f)	स्क्रीन (m)	skrīn
exibir um filme	फ़िल्म दिखाना	film dikhāna
pista (f) sonora	साउंडट्रैक (m)	saundatraik
efeitos (m pl) especiais	ख़ास प्रभाव (m pl)	khās prabhāv
legendas (f pl)	सबटाइटिल (f)	sabataitil

crédito (m)	टाइटिल (m pl)	taitil
tradução (f)	अनुवाद (m)	anuvād

126. Pintura

arte (f)	कला (f)	kala
belas-artes (f pl)	ललित कला (f)	lalit kala
galeria (f) de arte	चित्रशाला (f)	chitrashāla
exposição (f) de arte	चित्रों की प्रदर्शनी (f)	chitron kī pradarshanī
pintura (f)	चित्रकला (f)	chitrakala
arte (f) gráfica	रेखाचित्र कला (f)	rekhāchitr kala
arte (f) abstrata	अमूर्त्त चित्रण (m)	amūrtt chitran
impressionismo (m)	प्रभाववाद (m)	prabhāvavād
pintura (f), quadro (m)	चित्र (m)	chitr
desenho (m)	रेखाचित्र (f)	rekhāchitr
cartaz, póster (m)	पोस्टर (m)	postar
ilustração (f)	चित्रण (m)	chitran
miniatura (f)	लघु चित्र (m)	laghu chitr
cópia (f)	प्रति (f)	prati
reprodução (f)	प्रतिकृत (f)	pratikrt
mosaico (m)	पच्चीकारी (f)	pachchīkārī
vitral (m)	रंगीन काँच	rangīn kānch
fresco (m)	लेपचित्र (m)	lepachitr
gravura (f)	एनग्रेविंग (m)	enagreving
busto (m)	बस्ट (m)	bast
escultura (f)	मूर्तिकला (f)	mūrtikala
estátua (f)	मूर्ति (f)	mūrti
gesso (m)	सिलखड़ी (f)	silakharī
em gesso	सिलखड़ी से	silakharī se
retrato (m)	रूपचित्र (m)	rūpachitr
autorretrato (m)	स्वचित्र (m)	svachitr
paisagem (f)	प्रकृति चित्र (m)	prakrti chitr
natureza (f) morta	अचल चित्र (m)	achal chitr
caricatura (f)	कार्टून (m)	kārtūn
esboço (m)	रेखाचित्र (f)	rekhāchitr
tinta (f)	पेंट (f)	pent
aguarela (f)	जलरंग (m)	jalarang
óleo (m)	तेलरंग (m)	telarang
lápis (m)	पेंसिल (f)	pensil
tinta da China (f)	स्याही (f)	syāhī
carvão (m)	कोयला (m)	koyala
desenhar (vt)	रेखाचित्र बनाना	rekhāchitr banāna
posar (vi)	पोज़ करना	poz karana
modelo (m)	मॉडल (m)	modal
modelo (f)	मॉडल (m)	modal
pintor (m)	चित्रकार (m)	chitrakār

obra (f)	कलाकृति (f)	kalākrti
obra-prima (f)	अत्युत्तम कृति (f)	atyuttam krti
estúdio (m)	स्टुडियो (m)	studiyo
tela (f)	चित्रपटी (f)	chitrapatī
cavalete (m)	चित्राधार (m)	chitrādhār
paleta (f)	रंग पट्टिका (f)	rang pattika
moldura (f)	ढांचा (m)	dhāncha
restauração (f)	जीर्णोद्धार (m)	jīrnoddhār
restaurar (vt)	मरम्मत करना	marammat karana

127. Literatura & Poesia

literatura (f)	साहित्य (m)	sāhity
autor (m)	लेखक (m)	lekhak
pseudónimo (m)	छद्मनाम (m)	chhadmanām
livro (m)	किताब (f)	kitāb
volume (m)	खंड (m)	khand
índice (m)	अनुक्रमणिका (f)	anukramanika
página (f)	पृष्ठ (m)	prshth
protagonista (m)	मूख्य किरदार (m)	mūkhy kiradār
autógrafo (m)	स्वाक्षर (m)	svākshar
conto (m)	लघु कथा (f)	laghu katha
novela (f)	उपन्यासिका (f)	upanyāsika
romance (m)	उपन्यास (m)	upanyās
obra (f)	रचना (f)	rachana
fábula (m)	नीतिकथा (f)	nītikatha
romance (m) policial	जासूसी कहानी (f)	jāsūsī kahānī
poesia (obra)	कविता (f)	kavita
poesia (arte)	काव्य (m)	kāvy
poema (m)	कविता (f)	kavita
poeta (m)	कवि (m)	kavi
ficção (f)	उपन्यास (m)	upanyās
ficção (f) científica	विज्ञान कथा (f)	vigyān katha
aventuras (f pl)	रोमांच (m)	romānch
literatura (f) didática	शैक्षिक साहित्य (m)	shaikshik sāhity
literatura (f) infantil	बाल साहित्य (m)	bāl sāhity

128. Circo

circo (m)	सर्कस (m)	sarkas
programa (m)	प्रोग्रम (m)	program
apresentação (f)	तमाशा (m)	tamāsha
número (m)	ऐक्ट (m)	aikt
arena (f)	सर्कस रिंग (m)	sarkas ring
pantomima (f)	मूकाभिनय (m)	mūkābhinay

palhaço (m)	जोकर (m)	jokar
acrobata (m)	कलाबाज़ (m)	kalābāz
acrobacia (f)	कलाबाज़ी (f)	kalābāzī
ginasta (m)	जिमनैस्ट (m)	jimanaist
ginástica (f)	जिमनैस्टिक्स (m)	jimanaistiks
salto (m) mortal	कलैया (m)	kalaiya
homem forte (m)	एथलीट (m)	ethalīt
domador (m)	जानवरों का शिक्षक (m)	jānavaron ka shikshak
cavaleiro (m) equilibrista	सवारी (m)	savārī
assistente (m)	सहायक (m)	sahāyak
truque (m)	कलाबाज़ी (f)	kalābāzī
truque (m) de mágica	जादू (m)	jādū
mágico (m)	जादूगर (m)	jādūgar
malabarista (m)	बाज़ीगर (m)	bāzīgar
fazer malabarismos	बाज़ीगिरी दिखाना	bāzīgirī dikhāna
domador (m)	जानवरों का प्रशिक्षक (m)	jānavaron ka prashikshak
adestramento (m)	पशु प्रशिक्षण (m)	pashu prashikshan
adestrar (vt)	प्रशिक्षण देना	prashikshan dena

129. Música. Música popular

música (f)	संगित (m)	sangit
músico (m)	साज़िन्दा (m)	sāzinda
instrumento (m) musical	बाजा (m)	bāja
tocar ...	... बजाना	... bajāna
guitarra (f)	गिटार (m)	gitār
violino (m)	वॉयलिन (m)	voyalin
violoncelo (m)	चैलो (m)	chailo
contrabaixo (m)	डबल बास (m)	dabal bās
harpa (f)	हार्प (m)	hārp
piano (m)	पियानो (m)	piyāno
piano (m) de cauda	ग्रैंड पियानो (m)	graind piyāno
órgão (m)	ऑर्गन (m)	organ
instrumentos (m pl) de sopro	सुषिर वाद्य (m)	sushir vādy
oboé (m)	ओबो (m)	obo
saxofone (m)	सैक्सोफ़ोन (m)	saiksofon
clarinete (m)	क्लेरिनेट (m)	klerinet
flauta (f)	मुरली (f)	muralī
trompete (m)	तुरही (m)	turahī
acordeão (m)	एकॉर्डियन (m)	ekordiyan
tambor (m)	नगाड़ा (m)	nagāra
duo, dueto (m)	द्विवाद्य (m)	dvivādy
trio (m)	त्रयी (f)	trayī
quarteto (m)	क्वार्टट (m)	kvārtat
coro (m)	कोरस (m)	koras
orquestra (f)	ऑर्केस्ट्रा (m)	orkestra

música (f) pop	पॉप संगीत (m)	pop sangīt
música (f) rock	रॉक संगीत (m)	rok sangīt
grupo (m) de rock	रोक ग्रूप (m)	rok grūp
jazz (m)	जैज़ (m)	jaiz
ídolo (m)	आइडल (m)	āidal
fã, admirador (m)	प्रशंसक (m)	prashansak
concerto (m)	कंसर्ट (m)	kansart
sinfonia (f)	वाद्य-वृंद रचना (f)	vādy-vrnd rachana
composição (f)	रचना (f)	rachana
compor (vt)	रचना बनाना	rachana banāna
canto (m)	गाना (m)	gāna
canção (f)	गीत (m)	gīt
melodia (f)	संगित (m)	sangit
ritmo (m)	ताल (m)	tāl
blues (m)	ब्लूज़ (m)	blūz
notas (f pl)	शीट संगीत (m)	shīt sangīt
batuta (f)	छड़ी (f)	chharī
arco (m)	गज (m)	gaj
corda (f)	तार (m)	tār
estojo (m)	केस (m)	kes

Descanso. Entretenimento. Viagens

130. Viagens

turismo (m)	पर्यटन (m)	paryatan
turista (m)	पर्यटक (m)	paryatak
viagem (f)	यात्रा (f)	yātra
aventura (f)	जाँबाज़ी (f)	jānbāzī
viagem (f)	यात्रा (f)	yātra
férias (f pl)	छुट्टी (f)	chhuttī
estar de férias	छुट्टी पर होना	chhuttī par hona
descanso (m)	आराम (m)	ārām
comboio (m)	रेलगाड़ी, ट्रेन (f)	relagārī, tren
de comboio (chegar ~)	रैलगाड़ी से	railagārī se
avião (m)	विमान (m)	vimān
de avião	विमान से	vimān se
de carro	कार से	kār se
de navio	जहाज़ पर	jahāz par
bagagem (f)	सामान (m)	sāmān
mala (f)	सूटकेस (m)	sūtakes
carrinho (m)	सामान के लिये गाड़ी (f)	sāmān ke liye gārī
passaporte (m)	पासपोर्ट (m)	pāsaport
visto (m)	वीज़ा (m)	vīza
bilhete (m)	टिकट (m)	tikat
bilhete (m) de avião	हवाई टिकट (m)	havaī tikat
guia (m) de viagem	गाइडबुक (f)	gaidabuk
mapa (m)	नक्शा (m)	naksha
local (m), area (f)	क्षेत्र (m)	kshetr
lugar, sítio (m)	स्थान (m)	sthān
exotismo (m)	विचित्र वस्तुएं	vichitr vastuen
exótico	विचित्र	vichitr
surpreendente	अजीब	ajīb
grupo (m)	समूह (m)	samūh
excursão (f)	पर्यटन (f)	paryatan
guia (m)	गाइड (m)	gaid

131. Hotel

hotel (m)	होटल (f)	hotal
motel (m)	मोटल (m)	motal
três estrelas	तीन सितारा	tīn sitāra

cinco estrelas	पाँच सितारा	pānch sitāra
ficar (~ num hotel)	ठहरना	thaharana
quarto (m)	कमरा (m)	kamara
quarto (m) individual	एक पलंग का कमरा (m)	ek palang ka kamara
quarto (m) duplo	दो पलंगों का कमरा (m)	do palangon ka kamara
reservar um quarto	कमरा बुक करना	kamara buk karana
meia pensão (f)	हाफ़-बोर्ड (m)	hāf-bord
pensão (f) completa	फ़ुल-बोर्ड (m)	ful-bord
com banheira	स्नानघर के साथ	snānaghar ke sāth
com duche	शॉवर के साथ	shovar ke sāth
televisão (m) satélite	सैटेलाइट टेलीविज़न (m)	saitelait telīvizan
ar (m) condicionado	एयर-कंडिशनर (m)	eyar-kandishanar
toalha (f)	तौलिया (f)	tauliya
chave (f)	चाबी (f)	chābī
administrador (m)	मैनेजर (m)	mainejar
camareira (f)	चैमबरमैड (f)	chaimabaramaid
bagageiro (m)	कुली (m)	kulī
porteiro (m)	दरबान (m)	darabān
restaurante (m)	रेस्टराँ (m)	restarān
bar (m)	बार (m)	bār
pequeno-almoço (m)	नाश्ता (m)	nāshta
jantar (m)	रात्रिभोज (m)	rātribhoj
buffet (m)	बुफ़े (m)	bufe
hall (m) de entrada	लॉबी (f)	lobī
elevador (m)	लिफ़्ट (m)	lift
NÃO PERTURBE	परेशान न करें	pareshān na karen
PROIBIDO FUMAR!	धुम्रपान निषेध!	dhumrapān nishedh!

132. Livros. Leitura

livro (m)	किताब (f)	kitāb
autor (m)	लेखक (m)	lekhak
escritor (m)	लेखक (m)	lekhak
escrever (vt)	लिखना	likhana
leitor (m)	पाठक (m)	pāthak
ler (vt)	पढ़ना	parhana
leitura (f)	पढ़ना (f)	parhana
para si	मन ही मन	man hī man
em voz alta	बोलकर	bolakar
publicar (vt)	प्रकाशित करना	prakāshit karana
publicação (f)	प्रकाशन (m)	prakāshan
editor (m)	प्रकाशक (m)	prakāshak
editora (f)	प्रकाशन संस्था (m)	prakāshan sanstha
sair (vi)	बाज़ार में निकालना (m)	bāzār men nikālana

lançamento (m)	बाज़ार में निकालना (m)	bāzār men nikālana
tiragem (f)	मुद्रण संख्या (f)	mudran sankhya
livraria (f)	किताबों की दुकान (f)	kitābon kī dukān
biblioteca (f)	पुस्तकालय (m)	pustakālay
novela (f)	उपन्यासिका (f)	upanyāsika
conto (m)	लघु कहानी (f)	laghu kahānī
romance (m)	उपन्यास (m)	upanyās
romance (m) policial	जासूसी किताब (m)	jāsūsī kitāb
memórias (f pl)	संस्मरण (m pl)	sansmaran
lenda (f)	उपाख्यान (m)	upākhyān
mito (m)	पुराणकथा (m)	purānakatha
poesia (f)	कविताएँ (f pl)	kavitaen
autobiografia (f)	आत्मकथा (m)	ātmakatha
obras (f pl) escolhidas	चुनिंदा कृतियाँ (f)	chuninda krtiyān
ficção (f) científica	कल्पित विज्ञान (m)	kalpit vigyān
título (m)	किताब का नाम (m)	kitāb ka nām
introdução (f)	भूमिका (f)	bhūmika
folha (f) de rosto	टाइटिल पृष्ठ (m)	taitil prshth
capítulo (m)	अध्याय (m)	adhyāy
excerto (m)	अंश (m)	ansh
episódio (m)	उपकथा (f)	upakatha
tema (m)	कथानक (m)	kathānak
conteúdo (m)	कथा-वस्तु (f)	katha-vastu
índice (m)	अनुक्रमणिका (f)	anukramanika
protagonista (m)	मूख्य किरदार (m)	mūkhy kiradār
tomo, volume (m)	खंड (m)	khand
capa (f)	जिल्द (f)	jild
encadernação (f)	जिल्द (f)	jild
marcador (m) de livro	बुकमार्क (m)	bukamārk
página (f)	पृष्ठ (m)	prshth
folhear (vt)	पन्ने पलटना	panne palatana
margem (f)	हाशिया (m pl)	hāshiya
anotação (f)	टिप्पणी (f)	tippanī
nota (f) de rodapé	टिप्पणी (f)	tippanī
texto (m)	पाठ (m)	pāth
fonte (f)	मुद्रलिपि (m)	mudrālipi
gralha (f)	छपाई की भूल (f)	chhapaī kī bhūl
tradução (f)	अनुवाद (m)	anuvād
traduzir (vt)	अनुवाद करना	anuvād karana
original (m)	मूल पाठ (m)	mūl pāth
famoso	मशहूर	mashahūr
desconhecido	अपरिचित	aparichit
interessante	दिलचस्प	dilachasp
best-seller (m)	बेस्ट सेलर (m)	best selar

dicionário (m)	शब्दकोश (m)	shabdakosh
manual (m) escolar	पाठ्यपुस्तक (f)	pāthyapustak
enciclopédia (f)	विश्वकोश (m)	vishvakosh

133. Caça. Pesca

caça (f)	शिकार (m)	shikār
caçar (vi)	शिकार करना	shikār karana
caçador (m)	शिकारी (m)	shikārī
atirar (vi)	गोली चलाना	golī chalāna
caçadeira (f)	बंदूक (m)	bandūk
cartucho (m)	कारतूस (m)	kāratūs
chumbo (m) de caça	कारतूस (m)	kāratūs
armadilha (f)	जाल (m)	jāl
armadilha (com corda)	जाल (m)	jāl
pôr a armadilha	जाल बिछाना	jāl bichhāna
caçador (m) furtivo	चोर शिकारी (m)	chor shikārī
caça (f)	शिकार के पशुपक्षी (f)	shikār ke pashupakshī
cão (m) de caça	शिकार का कुत्ता (m)	shikār ka kutta
safári (m)	सफ़ारी (m)	safārī
animal (m) empalhado	जानवरों का पुतला (m)	jānavaron ka putala
pescador (m)	मछुआरा (m)	machhuāra
pesca (f)	मछली पकड़ना (f)	machhalī pakarana
pescar (vt)	मछली पकड़ना	machhalī pakarana
cana (f) de pesca	बंसी (f)	bansī
linha (f) de pesca	डोरी (f)	dorī
anzol (m)	हूक (m)	hūk
boia (f)	फ्लोट (m)	flot
isca (f)	चारा (m)	chāra
lançar a linha	बंसी डालना	bansī dālana
morder (vt)	चुगना	chugana
pesca (f)	मछलियाँ (f)	machhaliyān
buraco (m) no gelo	आइस होल (m)	āis hol
rede (f)	जाल (m)	jāl
barco (m)	नाव (m)	nāv
pescar com rede	जाल से पकड़ना	jāl se pakarana
lançar a rede	जाल डालना	jāl dālana
puxar a rede	जाल निकालना	jāl nikālana
baleeiro (m)	ह्वेलर (m)	hvelar
baleeira (f)	ह्वेलमार जहाज़ (m)	hvelamār jahāz
arpão (m)	मत्स्यभाला (m)	matsyabhāla

134. Jogos. Bilhar

bilhar (m)	बिलियर्ड्स (m)	biliyards
sala (f) de bilhar	बिलियर्ड्स का कमरा (m)	biliyards ka kamara

bola (f) de bilhar	बिलियर्ड्स की गेंद (f)	biliyards kī gend
embolsar uma bola	गेंद पॉकेट में डालना	gend poket men dālana
taco (m)	बिलियर्ड्स का क्यू (m)	biliyards ka kyū
caçapa (f)	बिलियर्ड्स की पॉकेट (f)	biliyards kī poket

135. Jogos. Jogar cartas

ouros (m pl)	ईंट (f pl)	īnt
espadas (f pl)	हुक्म (m pl)	hukm
copas (f pl)	पान (m)	pān
paus (m pl)	चिड़ी (m)	chirī
ás (m)	इक्का (m)	ikka
rei (m)	बादशाह (m)	bādashāh
dama (f)	बेगम (f)	begam
valete (m)	गुलाम (m)	gulām
carta (f) de jogar	ताश का पत्ता (m)	tāsh ka patta
cartas (f pl)	ताश के पत्ते (m pl)	tāsh ke patte
trunfo (m)	ट्रम्प (m)	tramp
baralho (m)	ताश की गड्डी (f)	tāsh kī gaddī
dar, distribuir (vt)	ताश बांटना	tāsh bāntana
embaralhar (vt)	पत्ते फेंटना	patte fentana
vez, jogada (f)	चाल (f)	chāl
batoteiro (m)	पत्तेबाज़ (m)	pattebāz

136. Descanso. Jogos. Diversos

passear (vi)	घूमना	ghūmana
passeio (m)	सैर (f)	sair
viagem (f) de carro	सफ़र (m)	safar
aventura (f)	साहसिक कार्य (m)	sāhasik kāry
piquenique (m)	पिकनिक (f)	pikanik
jogo (m)	खेल (m)	khel
jogador (m)	खिलाड़ी (m)	khilārī
partida (f)	बाज़ी (f)	bāzī
colecionador (m)	संग्राहक (m)	sangrāhak
colecionar (vt)	संग्राहण करना	sangrāhan karana
coleção (f)	संग्रह (m)	sangrah
palavras (f pl) cruzadas	पहेली (f)	pahelī
hipódromo (m)	रेसकोर्स (m)	resakors
discoteca (f)	डिस्को (m)	disko
sauna (f)	सौना (m)	sauna
lotaria (f)	लॉटरी (f)	lotarī
campismo (m)	कैम्पिंग ट्रिप (f)	kaimping trip
acampamento (m)	डेरा (m)	dera

tenda (f)	तंबू (m)	tambū
bússola (f)	दिशा सूचक यंत्र (m)	disha sūchak yantr
campista (m)	शिविरार्थी (m)	shivirārthī
ver (vt), assistir à ...	देखना	dekhana
telespectador (m)	दर्शक (m)	darshak
programa (m) de TV	टीवी प्रसारण (m)	tīvī prasāran

137. Fotografia

máquina (f) fotográfica	कैमरा (m)	kaimara
foto, fotografia (f)	फ़ोटो (m)	foto
fotógrafo (m)	फ़ोटोग्राफ़र (m)	fotogrāfar
estúdio (m) fotográfico	फ़ोटो स्टूडियो (m)	foto stūdiyo
álbum (m) de fotografias	फ़ोटो अल्बम (f)	foto albam
objetiva (f)	कैमरे का लेंस (m)	kaimare ka lens
teleobjetiva (f)	टेलिफ़ोटो लेन्स (m)	telifoto lens
filtro (m)	फ़िल्टर (m)	filtar
lente (f)	लेंस (m)	lens
ótica (f)	प्रकाशिकी (f)	prakāshikī
abertura (f)	डायफ़राम (m)	dāyafarām
exposição (f)	शटर समय (m)	shatar samay
visor (m)	व्यू फाइंडर (m)	vyū faindar
câmara (f) digital	डिजिटल कैमरा (m)	dijital kaimara
tripé (m)	तिपाई (f)	tipaī
flash (m)	फ़्लैश (m)	flaish
fotografar (vt)	फ़ोटो खींचना	foto khīnchana
tirar fotos	फ़ोटो लेना	foto lena
fotografar-se	अपनी फ़ोटो खींचवाना	apanī foto khīnchavāna
foco (m)	फ़ोकस (f)	fokas
focar (vt)	फ़ोकस करना	fokas karana
nítido	फ़ोकस में	fokas men
nitidez (f)	स्पष्टता (f)	spashtata
contraste (m)	विपर्यास व्यतिरेक	viparyās vyatirek
contrastante	विपर्यासी	viparyāsī
retrato (m)	फ़ोटो (m)	foto
negativo (m)	नेगेटिव (m)	negetiv
filme (m)	कैमरा फ़िल्म (f)	kaimara film
fotograma (m)	फ़्रेम (m)	frem
imprimir (vt)	छापना	chhāpana

138. Praia. Natação

praia (f)	बालुतट (m)	bālutat
areia (f)	रेत (f)	ret

deserto	वीरान	vīrān
bronzeado (m)	धूप की कालिमा (f)	dhūp kī kālima
bronzear-se (vr)	धूप में स्नान करना	dhūp men snān karana
bronzeado	टैन	tain
protetor (m) solar	धूप की क्रीम (f)	dhūp kī krīm
biquíni (m)	बिकीनी (f)	bikīnī
fato (m) de banho	स्विम सूट (m)	svim sūt
calção (m) de banho	स्विम ट्रंक (m)	svim trank
piscina (f)	तरण-ताल (m)	taran-tāl
nadar (vi)	तैरना	tairana
duche (m)	शावर (m)	shāvar
mudar de roupa	बदलना	badalana
toalha (f)	तौलिया (m)	tauliya
barco (m)	नाव (f)	nāv
lancha (f)	मोटरबोट (m)	motarabot
esqui (m) aquático	वॉटर स्की (f)	votar skī
barco (m) de pedais	चप्पू से चलने वाली नाव (f)	chappū se chalane vālī nāv
surf (m)	सर्फ़िंग (m)	sarfing
surfista (m)	सर्फ़ करनेवाला (m)	sarf karanevāla
equipamento (m) de mergulho	स्कूबा सेट (m)	skūba set
barbatanas (f pl)	फ्लिपर्स (m)	flipars
máscara (f)	डाइविंग के लिए मास्क (m)	daiving ke lie māsk
mergulhador (m)	गोताखोर (m)	gotākhor
mergulhar (vi)	डुबकी मारना	dubakī mārana
debaixo d'água	पानी के नीचे	pānī ke nīche
guarda-sol (m)	बालुतट की छतरी (f)	bālutat kī chhatarī
espreguiçadeira (f)	बालूतट की कुर्सी (f)	bālūtat kī kursī
óculos (m pl) de sol	धूप का चश्मा (m)	dhūp ka chashma
colchão (m) de ar	हवा वाला गद्दा (m)	hava vāla gadda
brincar (vi)	खेलना	khelana
ir nadar	तैरने के लिए जाना	tairane ke lie jāna
bola (f) de praia	बालूतट पर खेलने की गेंद (f)	bālūtat par khelane kī gend
encher (vt)	हवा भराना	hava bharāna
inflável, de ar	हवा से भरा	hava se bhara
onda (f)	तरंग (m)	tarang
boia (f)	बोया (m)	boya
afogar-se (pessoa)	डूब जाना	dūb jāna
salvar (vt)	बचाना	bachāna
colete (m) salva-vidas	बचाव पेटी (f)	bachāv petī
observar (vt)	देखना	dekhana
nadador-salvador (m)	जीवनरक्षक (m)	jīvanarakshak

EQUIPAMENTO TÉCNICO. TRANSPORTES

Equipamento técnico. Transportes

139. Computador

computador (m)	कंप्यूटर (m)	kampyūtar
portátil (m)	लैपटॉप (m)	laipatop
ligar (vt)	चलाना	chalāna
desligar (vt)	बंद करना	band karana
teclado (m)	कीबोर्ड (m)	kībord
tecla (f)	कुंजी (m)	kunjī
rato (m)	माउस (m)	maus
tapete (m) de rato	माउस पैड (m)	maus paid
botão (m)	बटन (m)	batan
cursor (m)	कर्सर (m)	karsar
monitor (m)	मॉनिटर (m)	monitar
ecrã (m)	स्क्रीन (m)	skrīn
disco (m) rígido	हार्ड डिस्क (m)	hārd disk
capacidade (f) do disco rígido	हार्ड डिस्क क्षमता (f)	hārd disk kshamata
memória (f)	मेमोरी (f)	memorī
memória RAM (f)	रैंडम ऐक्सेस मेमोरी (f)	raindam aikses memorī
ficheiro (m)	फ़ाइल (f)	fail
pasta (f)	फ़ोल्डर (m)	foldar
abrir (vt)	खोलना	kholana
fechar (vt)	बंद करना	band karana
guardar (vt)	सहेजना	sahejana
apagar, eliminar (vt)	हटाना	hatāna
copiar (vt)	कॉपी करना	kopī karana
ordenar (vt)	व्यवस्थित करना	vyavasthit karana
copiar (vt)	स्थानांतरित करना	sthānāntarit karana
programa (m)	प्रोग्राम (m)	progrām
software (m)	सोफ़्टवेयर (m)	softaveyar
programador (m)	प्रोग्रामर (m)	progrāmar
programar (vt)	प्रोग्रम करना	program karana
hacker (m)	हैकर (m)	haikar
senha (f)	पासवर्ड (m)	pāsavard
vírus (m)	वाइरस (m)	vairas
detetar (vt)	तलाश करना	talāsh karana
byte (m)	बाइट (m)	bait

megabyte (m)	मेगाबाइट (m)	megābait
dados (m pl)	डाटा (m pl)	dāta
base (f) de dados	डाटाबेस (m)	dātābes
cabo (m)	तार (m)	tār
desconectar (vt)	अलग करना	alag karana
conetar (vt)	जोड़ना	jorana

140. Internet. E-mail

internet (f)	इन्टरनेट (m)	intaranet
browser (m)	ब्राउज़र (m)	brauzar
motor (m) de busca	सर्च इंजन (f)	sarch injan
provedor (m)	प्रोवाइडर (m)	provaidar
webmaster (m)	वेब मास्टर (m)	veb māstar
website, sítio web (m)	वेब साइट (m)	veb sait
página (f) web	वेब पृष्ठ (m)	veb prshth
endereço (m)	पता (m)	pata
livro (m) de endereços	संपर्क पुस्तक (f)	sampark pustak
caixa (f) de correio	मेलबॉक्स (m)	melaboks
correio (m)	डाक (m)	dāk
mensagem (f)	संदेश (m)	sandesh
remetente (m)	प्रेषक (m)	preshak
enviar (vt)	भेजना	bhejana
envio (m)	भेजना (m)	bhejana
destinatário (m)	प्राप्तकर्ता (m)	prāptakarta
receber (vt)	प्राप्त करना	prāpt karana
correspondência (f)	पत्राचार (m)	patrāchār
corresponder-se (vr)	पत्राचार करना	patrāchār karana
ficheiro (m)	फ़ाइल (f)	fail
fazer download, baixar	डाउनलोड करना	daunalod karana
criar (vt)	बनाना	banāna
apagar, eliminar (vt)	हटाना	hatāna
eliminado	हटा दिया गया	hata diya gaya
conexão (f)	कनेक्शन (m)	kanekshan
velocidade (f)	रफ़्तार (f)	rafatār
modem (m)	मोडेम (m)	modem
acesso (m)	पहुंच (m)	pahunch
porta (f)	पोर्ट (m)	port
conexão (f)	कनेक्शन (m)	kanekshan
conetar (vi)	जुड़ना	jurana
escolher (vt)	चुनना	chunana
buscar (vt)	खोजना	khojana

Transportes

141. Avião

avião (m)	विमान (m)	vimān
bilhete (m) de avião	हवाई टिकट (m)	havaī tikat
companhia (f) aérea	हवाई कम्पनी (f)	havaī kampanī
aeroporto (m)	हवाई अड्डा (m)	havaī adda
supersónico	पराध्वनिक	parādhvanik
comandante (m) do avião	कप्तान (m)	kaptān
tripulação (f)	वैमानिक दल (m)	vaimānik dal
piloto (m)	विमान चालक (m)	vimān chālak
hospedeira (f) de bordo	एयर होस्टस (f)	eyar hostas
copiloto (m)	नैवीगेटर (m)	naivīgetar
asas (f pl)	पंख (m pl)	pankh
cauda (f)	पूँछ (f)	pūnchh
cabine (f) de pilotagem	कॉकपिट (m)	kokapit
motor (m)	इंजन (m)	injan
trem (m) de aterragem	हवाई जहाज़ पहिये (m)	havaī jahāz pahiye
turbina (f)	टरबाइन (f)	tarabain
hélice (f)	प्रोपेलर (m)	propelar
caixa-preta (f)	ब्लैक बॉक्स (m)	blaik boks
coluna (f) de controlo	कंट्रोल कॉलम (m)	kantrol kolam
combustível (m)	ईंधन (m)	īndhan
instruções (f pl) de segurança	सुरक्षा-पत्र (m)	suraksha-patr
máscara (f) de oxigénio	ऑक्सीजन मास्क (m)	oksījan māsk
uniforme (m)	वर्दी (f)	vardī
colete (m) salva-vidas	बचाव पेटी (f)	bachāv petī
paraquedas (m)	पैराशूट (m)	pairāshūt
descolagem (f)	उड़ान (m)	urān
descolar (vi)	उड़ना	urana
pista (f) de descolagem	उड़ान पट्टी (f)	urān pattī
visibilidade (f)	दृश्यता (f)	drshyata
voo (m)	उड़ान (m)	urān
altura (f)	ऊंचाई (f)	ūnchaī
poço (m) de ar	वायु-पॉकेट (m)	vāyu-poket
assento (m)	सीट (f)	sīt
auscultadores (m pl)	हेडफ़ोन (m)	hedafon
mesa (f) rebatível	ट्रे टेबल (f)	tre tebal
vigia (f)	हवाई जहाज़ की खिड़की (f)	havaī jahāz kī khirakī
passagem (f)	गलियारा (m)	galiyāra

142. Comboio

comboio (m)	रेलगाड़ी, ट्रेन (f)	relagārī, tren
comboio (m) suburbano	लोकल ट्रेन (f)	lokal tren
comboio (m) rápido	तेज़ रेलगाड़ी (f)	tez relagārī
locomotiva (f) diesel	डीज़ल रेलगाड़ी (f)	dīzal relagārī
locomotiva (f) a vapor	स्टीम इंजन (f)	stīm injan
carruagem (f)	कोच (f)	koch
carruagem restaurante (f)	डाइनर (f)	dainar
carris (m pl)	पटरियाँ (f)	patariyān
caminho de ferro (m)	रेलवे (f)	relave
travessa (f)	पटरियाँ (f)	patariyān
plataforma (f)	प्लेटफॉर्म (m)	pletaform
linha (f)	प्लेटफॉर्म (m)	pletaform
semáforo (m)	सिग्नल (m)	signal
estação (f)	स्टेशन (m)	steshan
maquinista (m)	इंजन ड्राइवर (m)	injan draivar
bagageiro (m)	कुली (m)	kulī
hospedeiro, -a (da carruagem)	कोच एटेंडेंट (m)	koch etendent
passageiro (m)	मुसाफ़िर (m)	musāfir
revisor (m)	टीटी (m)	tītī
corredor (m)	गलियारा (m)	galiyāra
freio (m) de emergência	आपात ब्रेक (m)	āpāt brek
compartimento (m)	डिब्बा (m)	dibba
cama (f)	बर्थ (f)	barth
cama (f) de cima	ऊपरी बर्थ (f)	ūparī barth
cama (f) de baixo	नीचली बर्थ (f)	nīchalī barth
roupa (f) de cama	बिस्तर (m)	bistar
bilhete (m)	टिकट (m)	tikat
horário (m)	टाइम टैबुल (m)	taim taibul
painel (m) de informação	सूचना बोर्ड (m)	sūchana bord
partir (vt)	चले जाना	chale jāna
partida (f)	रवानगी (f)	ravānagī
chegar (vi)	पहुंचना	pahunchana
chegada (f)	आगमन (m)	āgaman
chegar de comboio	गाड़ी से पहुंचना	gārī se pahunchana
apanhar o comboio	गाड़ी पकड़ना	gādī pakarana
sair do comboio	गाड़ी से उतरना	gārī se utarana
acidente (m) ferroviário	दुर्घटनाग्रस्त (f)	durghatanāgrast
locomotiva (f) a vapor	स्टीम इंजन (m)	stīm injan
fogueiro (m)	अग्निशामक (m)	agnishāmak
fornalha (f)	भट्ठी (f)	bhatthī
carvão (m)	कोयला (m)	koyala

143. Barco

navio (m)	जहाज़ (m)	jahāz
embarcação (f)	जहाज़ (m)	jahāz
vapor (m)	जहाज़ (m)	jahāz
navio (m)	मोटर बोट (m)	motar bot
transatlântico (m)	लाइनर (m)	lainar
cruzador (m)	क्रूज़र (m)	krūzar
iate (m)	याख़्ट (m)	yākht
rebocador (m)	कर्षक पोत (m)	karshak pot
barcaça (f)	बार्ज (f)	bārj
ferry (m)	फेरी बोट (f)	ferī bot
veleiro (m)	पाल नाव (f)	pāl nāv
bergantim (m)	बादबानी (f)	bādabānī
quebra-gelo (m)	हिमभंजक पोत (m)	himabhanjak pot
submarino (m)	पनडुब्बी (f)	panadubbī
bote, barco (m)	नाव (m)	nāv
bote, dingue (m)	किश्ती (f)	kishtī
bote (m) salva-vidas	जीवन रक्षा किश्ती (f)	jīvan raksha kishtī
lancha (f)	मोटर बोट (m)	motar bot
capitão (m)	कप्तान (m)	kaptān
marinheiro (m)	मल्लाह (m)	mallāh
marujo (m)	मल्लाह (m)	mallāh
tripulação (f)	वैमानिक दल (m)	vaimānik dal
contramestre (m)	बोसुन (m)	bosun
grumete (m)	बोसुन (m)	bosun
cozinheiro (m) de bordo	रसोइया (m)	rasoiya
médico (m) de bordo	पोत डाक्टर (m)	pot dāktar
convés (m)	डेक (m)	dek
mastro (m)	मस्तूल (m)	mastūl
vela (f)	पाल (m)	pāl
porão (m)	कार्गो (m)	kārgo
proa (f)	जहाज़ का अगाड़ा हिस्सा (m)	jahāz ka agara hissa
popa (f)	जहाज़ का पिछला हिस्सा (m)	jahāz ka pichhala hissa
remo (m)	चप्पू (m)	chappū
hélice (f)	जहाज़ की पंखी चलाने का पेंच (m)	jahāz kī pankhī chalāne ka pench
camarote (m)	कैबिन (m)	kaibin
sala (f) dos oficiais	मेस (f)	mes
sala (f) das máquinas	मशीन-कमरा (m)	mashīn-kamara
ponte (m) de comando	ब्रिज (m)	brij
sala (f) de comunicações	रेडियो केबिन (m)	rediyo kebin
onda (f) de rádio	रेडियो तरंग (f)	rediyo tarang
diário (m) de bordo	जहाज़ी रजिस्टर (m)	jahāzī rajistar
luneta (f)	टेलिस्कोप (m)	teliskop

sino (m)	घंटा (m)	ghanta
bandeira (f)	झंडा (m)	jhanda
cabo (m)	रस्सा (m)	rassa
nó (m)	जहाज़ी गांठ (f)	jahāzī gānth
corrimão (m)	रेलिंग (f)	reling
prancha (f) de embarque	सीढ़ी (f)	sīrhī
âncora (f)	लंगर (m)	langar
recolher a âncora	लंगर उठाना	langar uthāna
lançar a âncora	लंगर डालना	langar dālana
amarra (f)	लंगर की ज़जीर (f)	langar kī zajīr
porto (m)	बंदरगाह (m)	bandaragāh
cais, amarradouro (m)	घाट (m)	ghāt
atracar (vi)	किनारे लगना	kināre lagana
desatracar (vi)	रवाना होना	ravāna hona
viagem (f)	यात्रा (f)	yātra
cruzeiro (m)	जलयात्रा (f)	jalayātra
rumo (m), rota (f)	दिशा (f)	disha
itinerário (m)	मार्ग (m)	mārg
canal (m) navegável	नाव्य जलपथ (m)	nāvy jalapath
banco (m) de areia	छिछला पानी (m)	chhichhala pānī
encalhar (vt)	छिछले पानी में धंसना	chhichhale pānī men dhansana
tempestade (f)	तूफ़ान (m)	tufān
sinal (m)	सिग्नल (m)	signal
afundar-se (vr)	डूबना	dūbana
SOS	एसओएस	esoes
boia (f) salva-vidas	लाइफ़ ब्वाय (m)	laif bvāy

144. Aeroporto

aeroporto (m)	हवाई अड्डा (m)	havaī adda
avião (m)	विमान (m)	vimān
companhia (f) aérea	हवाई कम्पनी (f)	havaī kampanī
controlador (m) de tráfego aéreo	हवाई यातायात नियंत्रक (m)	havaī yātāyāt niyantrak
partida (f)	प्रस्थान (m)	prasthān
chegada (f)	आगमन (m)	āgaman
chegar (~ de avião)	पहुंचना	pahunchana
hora (f) de partida	उड़ान का समय (m)	urān ka samay
hora (f) de chegada	आगमन का समय (m)	āgaman ka samay
estar atrasado	देर से आना	der se āna
atraso (m) de voo	उड़ान देरी (f)	urān derī
painel (m) de informação	सूचना बोर्ड (m)	sūchana bord
informação (f)	सूचना (f)	sūchana

anunciar (vt)	घोषणा करना	ghoshana karana
voo (m)	फ़्लाइट (f)	flait
alfândega (f)	सीमाशुल्क कार्यालय (m)	sīmāshulk kāryālay
funcionário (m) da alfândega	सीमाशुल्क अधिकारी (m)	sīmāshulk adhikārī
declaração (f) alfandegária	सीमाशुल्क घोषणा (f)	sīmāshulk ghoshana
preencher a declaração	सीमाशुल्क घोषणा भरना	sīmāshulk ghoshana bharana
controlo (m) de passaportes	पास्पोर्ट जांच (f)	pāsport jānch
bagagem (f)	सामान (m)	sāmān
bagagem (f) de mão	दस्ती सामान (m)	dastī sāmān
carrinho (m)	सामान के लिये गाड़ी (f)	sāmān ke liye gārī
aterragem (f)	विमानारोहण (m)	vimānārohan
pista (f) de aterragem	विमानारोहण मार्ग (m)	vimānārohan mārg
aterrar (vi)	उतरना	utarana
escada (f) de avião	सीढ़ी (f)	sīrhī
check-in (m)	चेक-इन (m)	chek-in
balcão (m) do check-in	चेक-इन डेस्क (m)	chek-in desk
fazer o check-in	चेक-इन करना	chek-in karana
cartão (m) de embarque	बोर्डिंग पास (m)	bording pās
porta (f) de embarque	प्रस्थान गेट (m)	prasthān get
trânsito (m)	पारवहन (m)	pāravahan
esperar (vi, vt)	इंतज़ार करना	intazār karana
sala (f) de espera	प्रतीक्षालय (m)	pratīkshālay
despedir-se de ...	विदा करना	vida karana
despedir-se (vr)	विदा कहना	vida kahana

145. Bicicleta. Motocicleta

bicicleta (f)	साइकिल (f)	saikil
scotter, lambreta (f)	स्कूटर (m)	skūtar
mota (f)	मोटरसाइकिल (f)	motarasaikil
ir de bicicleta	साइकिल से जाना	saikil se jāna
guiador (m)	हैंडल बार (m)	haindal bār
pedal (m)	पेडल (m)	pedal
travões (m pl)	ब्रेक (m pl)	brek
selim (m)	सीट (f)	sīt
bomba (f) de ar	पंप (m)	pamp
porta-bagagens (m)	साइिकल का रैक (m)	sāiikal ka raik
lanterna (f)	बत्ती (f)	battī
capacete (m)	हेलमेट (f)	helamet
roda (f)	पहिया (m)	pahiya
guarda-lamas (m)	कीचड़ रोकने की पंखी (f)	kīchar rokane kī pankhī
aro (m)	साईकिल रिम (f)	saikil rim
raio (m)	पहिये का आरा (m)	pahiye ka āra

Carros

146. Tipos de carros

carro, automóvel (m)	कार (f)	kār
carro (m) desportivo	स्पोर्ट्स कार (f)	sports kār
limusine (f)	लीमोज़ीन (m)	līmozīn
todo o terreno (m)	जीप (m)	jīp
descapotável (m)	कन्वर्टिबल (m)	kanvartibal
minibus (m)	मिनिबस (f)	minibas
ambulância (f)	एम्बुलेंस (f)	embulens
limpa-neve (m)	बर्फ़ हटाने की कार (f)	barf hatāne kī kār
camião (m)	ट्रक (m)	trak
camião-cisterna (m)	टैंकर-लॉरी (f)	tainkar-lorī
carrinha (f)	वैन (m)	vain
camião-trator (m)	ट्रक-ट्रेक्टर (m)	trak-trektar
atrelado (m)	ट्रेलर (m)	trelar
confortável	सुविधाजनक	suvidhājanak
usado	पुरानी	purānī

147. Carros. Carroçaria

capô (m)	बोनेट (f)	bonet
guarda-lamas (m)	कीचड़ रोकने की पंखी (f)	kīchar rokane kī pankhī
tejadilho (m)	छत (f)	chhat
para-brisa (m)	विंडस्क्रीन (m)	vindaskrīn
espelho (m) retrovisor	रियरव्यू मिरर (m)	riyaravyū mirar
lavador (m)	विंडशील्ड वॉशर (m)	vindashīld voshar
limpa-para-brisas (m)	वाइपर (m)	vaipar
vidro (m) lateral	साइड की खिड़की (f)	said kī khirakī
elevador (m) do vidro	विंडो-लिफ़्ट (f)	vindo-lift
antena (f)	एरियल (m)	eriyal
teto solar (m)	सनरूफ़ (m)	sanarūf
para-choques (m pl)	बम्पर (m)	bampar
bagageira (f)	ट्रंक (m)	trank
porta (f)	दरवाज़ा (m)	daravāza
maçaneta (f)	दरवाज़े का हैंडल (m)	daravāze ka haindal
fechadura (f)	ताला (m)	tāla
matrícula (f)	कार का नम्बर (m)	kār ka nambar
silenciador (m)	साइलेंसर (m)	sailensar

tanque (m) de gasolina	पेट्रोल टैंक (m)	petrol taink
tubo (m) de escape	रेचक नलिका (f)	rechak nalika
acelerador (m)	गैस (m)	gais
pedal (m)	पेडल (m)	pedal
pedal (m) do acelerador	गैस पेडल (m)	gais pedal
travão (m)	ब्रैक (m)	braik
pedal (m) do travão	ब्रेक पेडल (m)	brek pedal
travar (vt)	ब्रेक लगाना	brek lagāna
travão (m) de mão	पार्किंग पेडल (m)	pārking pedal
embraiagem (f)	क्लच (m)	klach
pedal (m) da embraiagem	क्लच पेडल (m)	klach pedal
disco (m) de embraiagem	क्लच प्लेट (m)	klach plet
amortecedor (m)	धक्का सह (m)	dhakka sah
roda (f)	पहिया (m)	pahiya
pneu (m) sobresselente	स्पेयर टायर (m)	speyar tāyar
pneu (m)	टायर (m)	tāyar
tampão (m) de roda	हबकैप (m)	habakaip
rodas (f pl) motrizes	प्रधान पहिया (m)	pradhān pahiya
de tração dianteira	आगे के पहियों से चलने वाली	āge ke pahiyon se chalane vālī
de tração traseira	पीछे के पहियों से चलने वाली	pīchhe ke pahiyon se chalane vālī
de tração às 4 rodas	चार पहियों की कार	chār pahiyon kī kār
caixa (f) de mudanças	गीयर बॉक्स (m)	gīyar boks
automático	स्वचालित	svachālit
mecânico	मशीनी	mashīnī
alavanca (f) das mudanças	गीयर बॉक्स का साधन (m)	gīyar boks ka sādhan
farol (m)	हेडलाइट (f)	hedalait
faróis, luzes	हेडलाइटें (f pl)	hedalaiten
médios (m pl)	लो बीम (m)	lo bīm
máximos (m pl)	हाई बीम (m)	haī bīm
luzes (f pl) de stop	ब्रेक लाइट (m)	brek lait
mínimos (m pl)	पार्किंग लाइटें (f pl)	pārking laiten
luzes (f pl) de emergência	खतरे की बत्तियां (f pl)	khatare kī battiyān
faróis (m pl) antinevoeiro	कोहरे की बत्तियाँ (f pl)	kohare kī battiyān
pisca-pisca (m)	मुड़ने का सिग्नल (m)	murane ka signal
luz (f) de marcha atrás	पीछे जाने की लाइट (m)	pīchhe jane kī lait

148. Carros. Habitáculo

interior (m) do carro	गाड़ी का भीतरी हिस्सा (m)	gārī ka bhītarī hissa
de couro, de pele	चमड़े का बना	chamare ka bana
de veludo	मख़मल का बना	makhamal ka bana
estofos (m pl)	अपहोल्स्टरी (f)	apaholstarī
indicador (m)	यंत्र (m)	yantr

painel (m) de instrumentos	यंत्र का पैनल (m)	yantr ka painal
velocímetro (m)	चालमापी (m)	chālamāpī
ponteiro (m)	सूई (f)	sūī
conta-quilómetros (m)	ओडोमीटर (m)	odomītar
sensor (m)	इंडिकेटर (m)	indiketar
nível (m)	स्तर (m)	star
luz (f) avisadora	चेतावनी लाइट (m)	chetāvanī lait
volante (m)	स्टीयरिंग व्हील (m)	stīyaring vhīl
buzina (f)	हॉर्न (m)	horn
botão (m)	बटन (m)	batan
interruptor (m)	स्विच (m)	svich
assento (m)	सीट (m)	sīt
costas (f pl) do assento	पीठ (f)	pīth
cabeceira (f)	हेडरेस्ट (m)	hedarest
cinto (m) de segurança	सीट बेल्ट (m)	sīt belt
apertar o cinto	बेल्ट लगाना	belt lagāna
regulação (f)	समायोजन (m)	samāyojan
airbag (m)	एयरबैग (m)	eyarabaig
ar (m) condicionado	एयर कंडीशनर (m)	eyar kandīshanar
rádio (m)	रेडियो (m)	rediyo
leitor (m) de CD	सीडी प्लेयर (m)	sīdī pleyar
ligar (vt)	चलाना	chalāna
antena (f)	एरियल (m)	eriyal
porta-luvas (m)	दराज़ (m)	darāz
cinzeiro (m)	राखदानी (f)	rākhadānī

149. Carros. Motor

motor (m)	इंजन (m)	injan
motor (m)	मोटर (m)	motar
diesel	डीज़ल का	dīzal ka
a gasolina	तेल का	tel ka
cilindrada (f)	इंजन का परिमाण (m)	injan ka parimān
potência (f)	शक्ति (f)	shakti
cavalo-vapor (m)	अश्व शक्ति (f)	ashv shakti
pistão (m)	पिस्टन (m)	pistan
cilindro (m)	सिलिंडर (m)	silindar
válvula (f)	वाल्व (m)	vālv
injetor (m)	इंजेक्टर (m)	injektar
gerador (m)	जनरेटर (m)	janaretar
carburador (m)	कार्बरेटर (m)	kārbaretar
óleo (m) para motor	मोटर तेल (m)	motar tel
radiador (m)	रेडिएटर (m)	redietar
refrigerante (m)	शीतलक (m)	shītalak
ventilador (m)	पंखा (m)	pankha
bateria (f)	बैटरी (f)	baitarī

dispositivo (m) de arranque	स्टार्टर (m)	stārtar
ignição (f)	इग्निशन (m)	ignishan
vela (f) de ignição	स्पार्क प्लग (m)	spārk plag
borne (m)	बैटरी टर्मिनल (m)	baitarī tarminal
borne (m) positivo	प्लस टर्मिनल (m)	plas tarminal
borne (m) negativo	माइनस टर्मिनल (m)	mainas tarminal
fusível (m)	सेफ़्टी फ़्यूज़ (m)	seftī fyūz
filtro (m) de ar	वायु फ़िल्टर (m)	vāyu filtar
filtro (m) de óleo	तेल फ़िल्टर (m)	tel filtar
filtro (m) de combustível	ईंधन फ़िल्टर (m)	īndhan filtar

150. Carros. Batidas. Reparação

acidente (m) de carro	दुर्घटना (f)	durghatana
acidente (m) rodoviário	दुर्घटना (f)	durghatana
ir contra ...	टकराना	takarāna
sofrer um acidente	नष्ठ हो जाना	nashth ho jāna
danos (m pl)	नुकसान (m)	nukasān
intato	सुरक्षित	surakshit
avariar (vi)	ख़राब हो जाना	kharāb ho jāna
cabo (m) de reboque	रस्सा (m)	rassa
furo (m)	पंक्चर (m)	pankchar
estar furado	पंक्चर होना	pankchar hona
encher (vt)	हवा भरना	hava bharana
pressão (f)	दबाव (m)	dabāv
verificar (vt)	जांचना	jānchana
reparação (f)	मरम्मत (f)	marammat
oficina (f) de reparação de carros	वाहन मरम्मत की दुकान (f)	vāhan marammat kī dukān
peça (f) sobresselente	स्पेयर पार्ट (m)	speyar pārt
peça (f)	पुरज़ा (m)	puraza
parafuso (m)	बोल्ट (m)	bolt
parafuso (m)	पेंच (m)	pench
porca (f)	नट (m)	nat
anilha (f)	वॉशर (m)	voshar
rolamento (m)	बियरिंग (m)	biyaring
tubo (m)	ट्यूब (f)	tyūb
junta (f)	गास्केट (m)	gāsket
fio, cabo (m)	तार (m)	tār
macaco (m)	जैक (m)	jaik
chave (f) de boca	स्पैनर (m)	spainar
martelo (m)	हथौड़ी (f)	hathaurī
bomba (f)	पंप (m)	pamp
chave (f) de fendas	पेंचकस (m)	penchakas
extintor (m)	अग्निशामक (m)	agnishāmak
triângulo (m) de emergência	चेतावनी त्रिकोण (m)	chetāvanī trikon

parar (vi) (motor)	बंद होना	band hona
paragem (f)	बंद (m)	band
estar quebrado	टूटना	tūtana
superaquecer-se (vr)	गरम होना	garam hona
entupir-se (vr)	मैल जमना	mail jamana
congelar-se (vr)	ठंडा हो जाना	thanda ho jāna
rebentar (vi)	फटना	fatana
pressão (f)	दबाव (m)	dabāv
nível (m)	स्तर (m)	star
frouxo	कमज़ोर	kamazor
mossa (f)	गड्ढा (m)	gadrha
ruído (m)	खटखट की आवाज़ (f)	khatakhat kī āvāz
fissura (f)	दरार (f)	darār
arranhão (m)	खरोंच (f)	kharonch

151. Carros. Estrada

estrada (f)	रास्ता (m)	rāsta
autoestrada (f)	राजमार्ग (m)	rājamārg
rodovia (f)	राजमार्ग (m)	rājamārg
direção (f)	दिशा (f)	disha
distância (f)	दूरी (f)	dūrī
ponte (f)	पुल (m)	pul
parque (m) de estacionamento	पार्किन्ग (m)	pārking
praça (f)	मैदान (m)	maidān
nó (m) rodoviário	फ्लाई ओवर (m)	flaī ovar
túnel (m)	सुरंग (m)	surang
posto (m) de gasolina	पेट्रोल पम्प (f)	petrol pamp
parque (m) de estacionamento	पार्किंग (m)	pārking
bomba (f) de gasolina	गैस पम्प (f)	gais pamp
oficina (f) de reparação de carros	गराज (m)	garāj
abastecer (vt)	पेट्रोल भरवाना	petrol bharavāna
combustível (m)	ईंधन (m)	īndhan
bidão (m) de gasolina	जेरिकेन (m)	jeriken
asfalto (m)	तारकोल (m)	tārakol
marcação (f) de estradas	मार्ग चिह्न (m)	mārg chihn
lancil (m)	फ़ुटपाथ (m)	futapāth
proteção (f) guard-rail	रेलिंग (f)	reling
valeta (f)	नाली (f)	nālī
berma (f) da estrada	छोर (m)	chhor
poste (m) de luz	बिजली का खम्भा (m)	bijalī ka khambha
conduzir, guiar (vt)	चलाना	chalāna
virar (ex. ~ à direita)	मोड़ना	morana
dar retorno	मुड़ना	murana
marcha-atrás (f)	रिवर्स (m)	rivars
buzinar (vi)	हॉर्न बजाना	horn bajāna

buzina (f)	हॉर्न (m)	horn
atolar-se (vr)	फंसना	fansana
patinar (na lama)	पहिये को घुमाना	pahiye ko ghumāna
desligar (vt)	इंजन बंद करना	injan band karana
velocidade (f)	रफ़्तार (f)	rafatār
exceder a velocidade	गति सीमा पार करना	gati sīma pār karana
multar (vt)	जुर्माना लगाना	jurmāna lagāna
semáforo (m)	ट्रैफ़िक-लाइट (m)	traifik-lait
carta (f) de condução	ड्राइवर-लाइसेंस (m)	draivar-laisens
passagem (f) de nível	रेल क्रॉसिंग (m)	rel krosing
cruzamento (m)	चौराहा (m)	chaurāha
passadeira (f)	पार-पथ (m)	pār-path
curva (f)	मोड़ (m)	mor
zona (f) pedonal	पैदल सड़क (f)	paidal sarak

PESSOAS. EVENTOS

Eventos

152. Férias. Evento

festa (f)	त्योहार (m)	tyohār
festa (f) nacional	राष्ट्रीय त्योहार (m)	rāshtrīy tyohār
feriado (m)	त्योहार का दिन (m)	tyohār ka din
festejar (vt)	पुण्यस्मरण करना	punyasmaran karana
evento (festa, etc.)	घटना (f)	ghatana
evento (banquete, etc.)	आयोजन (m)	āyojan
banquete (m)	राजभोज (m)	rājabhoj
receção (f)	दावत (f)	dāvat
festim (m)	दावत (f)	dāvat
aniversário (m)	वर्षगांठ (m)	varshagānth
jubileu (m)	वर्षगांठ (m)	varshagānth
celebrar (vt)	मनाना	manāna
Ano (m) Novo	नव वर्ष (m)	nav varsh
Feliz Ano Novo!	नव वर्ष की शुभकामना!	nav varsh kī shubhakāmana!
Pai (m) Natal	सांता क्लॉज़ (m)	sānta kloz
Natal (m)	बड़ा दिन (m)	bara din
Feliz Natal!	क्रिसमस की शुभकामनाएं!	krisamas kī shubhakāmanaen!
árvore (f) de Natal	क्रिस्मस ट्री (m)	krismas trī
fogo (m) de artifício	अग्नि क्रीड़ा (f)	agni krīra
boda (f)	शादी (f)	shādī
noivo (m)	दुल्हा (m)	dulha
noiva (f)	दुल्हन (f)	dulhan
convidar (vt)	आमंत्रित करना	āmantrit karana
convite (m)	निमंत्रण पत्र (m)	nimantran patr
convidado (m)	मेहमान (m)	mehamān
visitar (vt)	मिलने जाना	milane jāna
receber os hóspedes	मेहमानों से मिलना	mehamānon se milana
presente (m)	उपहार (m)	upahār
oferecer (vt)	उपहार देना	upahār dena
receber presentes	उपहार मिलना	upahār milana
ramo (m) de flores	गुलदस्ता (m)	guladasta
felicitações (f pl)	बधाई (f)	badhaī
felicitar (dar os parabéns)	बधाई देना	badhaī dena

cartão (m) de parabéns	बधाई पोस्टकार्ड (m)	badhaī postakārd
enviar um postal	पोस्टकार्ड भेजना	postakārd bhejana
receber um postal	पोस्टकार्ड पाना	postakārd pāna
brinde (m)	टोस्ट (m)	tost
oferecer (vt)	ऑफ़र करना	ofar karana
champanhe (m)	शैम्पेन (f)	shaimpen
divertir-se (vr)	मज़े करना	maze karana
diversão (f)	आमोद (m)	āmod
alegria (f)	ख़ुशी (f)	khushī
dança (f)	नाच (m)	nāch
dançar (vi)	नाचना	nāchana
valsa (f)	वॉल्ट्ज़ (m)	voltz
tango (m)	टैंगो (m)	taingo

153. Funerais. Enterro

cemitério (m)	कब्रिस्तान (m)	kabristān
sepultura (f), túmulo (m)	कब्र (m)	kabr
cruz (f)	क्रॉस (m)	kros
lápide (f)	सामाधि शिला (f)	sāmādhi shila
cerca (f)	बाड़ (f)	bār
capela (f)	चैपल (m)	chaipal
morte (f)	मृत्यु (f)	mrtyu
morrer (vi)	मरना	marana
defunto (m)	मृतक (m)	mrtak
luto (m)	शोक (m)	shok
enterrar, sepultar (vt)	दफनाना	dafanāna
agência (f) funerária	दफ़नालय (m)	dafanālay
funeral (m)	अंतिम संस्कार (m)	antim sanskār
coroa (f) de flores	फूलमाला (f)	fūlamāla
caixão (m)	ताबूत (m)	tābūt
carro (m) funerário	शव मंच (m)	shav manch
mortalha (f)	कफन (m)	kafan
urna (f) funerária	भस्मी कलश (m)	bhasmī kalash
crematório (m)	दाहगृह (m)	dāhagrh
obituário (m), necrologia (f)	निधन सूचना (f)	nidhan sūchana
chorar (vi)	रोना	rona
soluçar (vi)	रोना	rona

154. Guerra. Soldados

pelotão (m)	दस्ता (m)	dasta
companhia (f)	कंपनी (f)	kampanī

regimento (m)	रेजीमेंट (f)	rejīment
exército (m)	सेना (f)	sena
divisão (f)	डिवीज़न (m)	divīzan
destacamento (m)	दल (m)	dal
hoste (f)	फौज (m)	fauj
soldado (m)	सिपाही (m)	sipāhī
oficial (m)	अफ़्सर (m)	afsar
soldado (m) raso	सैनिक (m)	sainik
sargento (m)	सार्जेंट (m)	sārjent
tenente (m)	लेफ्टिनेंट (m)	leftinent
capitão (m)	कप्तान (m)	kaptān
major (m)	मेजर (m)	mejar
coronel (m)	कर्नल (m)	karnal
general (m)	जनरल (m)	janaral
marujo (m)	मल्लाह (m)	mallāh
capitão (m)	कप्तान (m)	kaptān
contramestre (m)	बोसुन (m)	bosun
artilheiro (m)	तोपची (m)	topachī
soldado (m) paraquedista	पैराट्रूपर (m)	pairātrūpar
piloto (m)	पाइलट (m)	pailat
navegador (m)	नैवीगेटर (m)	naivīgetar
mecânico (m)	मैकेनिक (m)	maikenik
sapador (m)	सैपर (m)	saipar
paraquedista (m)	छतरीबाज़ (m)	chhatarībāz
explorador (m)	जासूस (m)	jāsūs
franco-atirador (m)	निशानची (m)	nishānachī
patrulha (f)	गश्त (m)	gasht
patrulhar (vt)	गश्त लगाना	gasht lagāna
sentinela (f)	प्रहरी (m)	praharī
guerreiro (m)	सैनिक (m)	sainik
patriota (m)	देशभक्त (m)	deshabhakt
herói (m)	हिरो (m)	hiro
heroína (f)	हिरोइन (f)	hiroin
traidor (m)	गद्दार (m)	gaddār
desertor (m)	भगोड़ा (m)	bhagora
desertar (vt)	भाग जाना	bhāg jāna
mercenário (m)	भाड़े का सैनिक (m)	bhāre ka sainik
recruta (m)	रंगरूट (m)	rangarūt
voluntário (m)	स्वयंसेवी (m)	svayansevī
morto (m)	मृतक (m)	mrtak
ferido (m)	घायल (m)	ghāyal
prisioneiro (m) de guerra	युद्ध क़ैदी (m)	yuddh qaidī

155. Guerra. Ações militares. Parte 1

guerra (f)	युद्ध (m)	yuddh
guerrear (vt)	युद्ध करना	yuddh karana
guerra (f) civil	गृहयुद्ध (m)	grhayuddh
perfidamente	विश्वासघाती ढंग से	vishvāsaghātī dhang se
declaração (f) de guerra	युद्ध का एलान (m)	yuddh ka elān
declarar (vt) guerra	एलान करना	elān karana
agressão (f)	हमला (m)	hamala
atacar (vt)	हमला करना	hamala karana
invadir (vt)	हमला करना	hamala karana
invasor (m)	आक्रमणकारी (m)	ākramanakārī
conquistador (m)	विजेता (m)	vijeta
defesa (f)	हिफाज़त (f)	hifāzat
defender (vt)	हिफाज़त करना	hifāzat karana
defender-se (vr)	के विरुद्ध हिफाज़त करना	ke virūddh hifāzat karana
inimigo (m)	दुश्मन (m)	dushman
adversário (m)	विपक्ष (m)	vipaksh
inimigo	दुश्मनों का	dushmanon ka
estratégia (f)	रणनीति (f)	rananīti
tática (f)	युक्ति (f)	yukti
ordem (f)	हुक्म (m)	hukm
comando (m)	आज्ञा (f)	āgya
ordenar (vt)	हुक्म देना	hukm dena
missão (f)	मिशन (m)	mishan
secreto	गुप्त	gupt
batalha (f)	लड़ाई (f)	laraī
combate (m)	युद्ध (m)	yuddh
ataque (m)	आक्रमण (m)	ākraman
assalto (m)	धावा (m)	dhāva
assaltar (vt)	धावा करना	dhāva karana
assédio, sítio (m)	घेरा (m)	ghera
ofensiva (f)	आक्रमण (m)	ākraman
passar à ofensiva	आक्रमण करना	ākraman karana
retirada (f)	अपयान (m)	apayān
retirar-se (vr)	अपयान करना	apayān karana
cerco (m)	घेराई (f)	gheraī
cercar (vt)	घेरना	gherana
bombardeio (m)	बमबारी (f)	bamabārī
lançar uma bomba	बम गिराना	bam girāna
bombardear (vt)	बमबारी करना	bamabārī karana
explosão (f)	विस्फोट (m)	visfot
tiro (m)	गोली (m)	golī

disparar um tiro	गोली चलाना	golī chalāna
tiroteio (m)	गोलीबारी (f)	golībārī
apontar para ...	निशाना लगाना	nishāna lagāna
apontar (vt)	निशाना बांधना	nishāna bāndhana
acertar (vt)	गोली मारना	golī mārana
afundar (um navio)	डुबाना	dubāna
brecha (f)	छेद (m)	chhed
afundar-se (vr)	डूबना	dūbana
frente (m)	मोरचा (m)	moracha
evacuação (f)	निकास (m)	nikās
evacuar (vt)	निकास करना	nikās karana
arame (m) farpado	कांटेदार तार (m)	kāntedār tār
obstáculo (m) anticarro	बाड़ (m)	bār
torre (f) de vigia	बुर्ज (m)	burj
hospital (m)	सैनिक अस्पताल (m)	sainik aspatāl
ferir (vt)	घायल करना	ghāyal karana
ferida (f)	घाव (m)	ghāv
ferido (m)	घायल (m)	ghāyal
ficar ferido	घायल होना	ghāyal hona
grave (ferida ~)	गम्भीर	gambhīr

156. Armas

arma (f)	हथियार (m)	hathiyār
arma (f) de fogo	हथियार (m)	hathiyār
arma (f) branca	पैने हथियार (m)	paine hathiyār
arma (f) química	रसायनिक शस्त्र (m)	rasāyanik shastr
nuclear	आण्विक	ānvik
arma (f) nuclear	आण्विक-शस्त्र (m)	ānvik-shastr
bomba (f)	बम (m)	bam
bomba (f) atómica	परमाणु बम (m)	paramānu bam
pistola (f)	पिस्तौल (m)	pistaul
caçadeira (f)	बंदूक (m)	bandūk
pistola-metralhadora (f)	टामी गन (f)	tāmī gan
metralhadora (f)	मशीन गन (f)	mashīn gan
boca (f)	नालमुख (m)	nālamukh
cano (m)	नाल (m)	nāl
calibre (m)	नली का व्यास (m)	nalī ka vyās
gatilho (m)	घोड़ा (m)	ghora
mira (f)	लक्षक (m)	lakshak
carregador (m)	मैगज़ीन (m)	maigazīn
coronha (f)	कुंदा (m)	kunda
granada (f) de mão	ग्रेनेड (m)	grened
explosivo (m)	विस्फोटक (m)	visfotak

bala (f)	गोली (f)	golī
cartucho (m)	कारतूस (m)	kāratūs
carga (f)	गति (f)	gati
munições (f pl)	गोला बारूद (m pl)	gola bārūd
bombardeiro (m)	बमबार (m)	bamabār
avião (m) de caça	लड़ाकू विमान (m)	larākū vimān
helicóptero (m)	हेलिकॉप्टर (m)	helikoptar
canhão (m) antiaéreo	विमान-विध्वंस तोप (f)	vimān-vidhvans top
tanque (m)	टैंक (m)	taink
canhão (de um tanque)	तोप (m)	top
artilharia (f)	तोपें (m)	topen
fazer a pontaria	निशाना बांधना	nishāna bāndhana
obus (m)	गोला (m)	gola
granada (f) de morteiro	मोर्टार बम (m)	mortār bam
morteiro (m)	मोर्टार (m)	mortār
estilhaço (m)	किरच (m)	kirach
submarino (m)	पनडुब्बी (f)	panadubbī
torpedo (m)	टोरपीडो (m)	torapīdo
míssil (m)	रॉकेट (m)	roket
carregar (uma arma)	बंदूक भरना	bandūk bharana
atirar, disparar (vi)	गोली चलाना	golī chalāna
apontar para ...	निशाना लगाना	nishāna lagāna
baioneta (f)	किरिच (m)	kirich
espada (f)	खंजर (m)	khanjar
sabre (m)	कृपाण (m)	krpān
lança (f)	भाला (m)	bhāla
arco (m)	धनुष (m)	dhanush
flecha (f)	बाण (m)	bān
mosquete (m)	मसकट (m)	masakat
besta (f)	क्रॉसबो (m)	krosabo

157. Povos da antiguidade

primitivo	आदिकालीन	ādikālīn
pré-histórico	प्रागैतिहासिक	prāgaitihāsik
antigo	प्राचीन	prāchīn
Idade (f) da Pedra	पाषाण युग (m)	pāshān yug
Idade (f) do Bronze	कांस्य युग (m)	kānsy yug
período (m) glacial	हिम युग (m)	him yug
tribo (f)	जनजाति (f)	janajāti
canibal (m)	नरभक्षी (m)	narabhakshī
caçador (m)	शिकारी (m)	shikārī
caçar (vi)	शिकार करना	shikār karana
mamute (m)	प्राचीन युग हाथी (m)	prāchīn yug hāthī
caverna (f)	गुफ़ा (f)	gufa

fogo (m)	अग्नि (m)	agni
fogueira (f)	अलाव (m)	alāv
pintura (f) rupestre	शिला चित्र (m)	shila chitr
ferramenta (f)	औज़ार (m)	auzār
lança (f)	भाला (m)	bhāla
machado (m) de pedra	पत्थर की कुल्हाड़ी (f)	patthar kī kulhāṛī
guerrear (vt)	युद्ध पर होना	yuddh par hona
domesticar (vt)	जानवरों को पालतू बनाना	jānavaron ko pālatū banāna
ídolo (m)	मूर्ति (f)	mūrti
adorar, venerar (vt)	पूजना	pūjana
superstição (f)	अंधविश्वास (m)	andhavishvās
ritual (m)	अनुष्ठान (m)	anushthān
evolução (f)	उद्भव (m)	udbhav
desenvolvimento (m)	विकास (m)	vikās
desaparecimento (m)	गायब (m)	gāyab
adaptar-se (vr)	अनुकूल बनाना	anukūl banāna
arqueologia (f)	पुरातत्व (m)	purātatv
arqueólogo (m)	पुरातत्वविद (m)	purātatvavid
arqueológico	पुरातात्विक	purātātvik
local (m) das escavações	खुदाई क्षेत्र (m pl)	khudaī kshetr
escavações (f pl)	उत्खनन (f)	utkhanan
achado (m)	खोज (f)	khoj
fragmento (m)	टुकड़ा (m)	tukara

158. Idade média

povo (m)	लोग (m)	log
povos (m pl)	लोग (m pl)	log
tribo (f)	जनजाति (f)	janajāti
tribos (f pl)	जनजातियाँ (f pl)	janajātiyān
bárbaros (m pl)	बर्बर (m pl)	barbar
gauleses (m pl)	गॉल्स (m pl)	gols
godos (m pl)	गोथ्स (m pl)	goths
eslavos (m pl)	स्लैव्स (m pl)	slaivs
víquingues (m pl)	वाइकिंग्स (m pl)	vaikings
romanos (m pl)	रोमन (m pl)	roman
romano	रोमन	roman
bizantinos (m pl)	बाइज़ेंटीनी (m pl)	baizentīnī
Bizâncio	बाइज़ेंटीयम (m)	baizentīyam
bizantino	बाइज़ेंटीन	baizentīn
imperador (m)	सम्राट् (m)	samrāt
líder (m)	सरदार (m)	saradār
poderoso	प्रबल	prabal
rei (m)	बादशाह (m)	bādashāh
governante (m)	शासक (m)	shāsak

cavaleiro (m)	योद्धा (m)	yoddha
senhor feudal (m)	सामंत (m)	sāmant
feudal	सामंतिक	sāmantik
vassalo (m)	जागीरदार (m)	jāgīradār
duque (m)	ड्यूक (m)	dyūk
conde (m)	अर्ल (m)	arl
barão (m)	बैरन (m)	bairan
bispo (m)	बिशप (m)	bishap
armadura (f)	कवच (m)	kavach
escudo (m)	ढाल (m)	dhāl
espada (f)	तलवार (f)	talavār
viseira (f)	मुखावरण (m)	mukhāvaran
cota (f) de malha	कवच (m)	kavach
cruzada (f)	धर्मयुद्ध (m)	dharmayuddh
cruzado (m)	धर्मयोद्धा (m)	dharmayoddha
território (m)	प्रदेश (m)	pradesh
atacar (vt)	हमला करना	hamala karana
conquistar (vt)	जीतना	jītana
ocupar, invadir (vt)	कब्ज़ा करना	kabza karana
assédio, sítio (m)	घेरा (m)	ghera
sitiado	घेरा हुआ	ghera hua
assediar, sitiar (vt)	घेरना	gherana
inquisição (f)	न्यायिक जांच (m)	nyāyik jānch
inquisidor (m)	न्यायिक जांचकर्ता (m)	nyāyik jānchakarta
tortura (f)	घोड़ शरीरिक यंत्रणा (f)	ghor sharīrik yantrana
cruel	निर्दयी	nirdayī
herege (m)	विधर्मी (m)	vidharmī
heresia (f)	विधर्म (m)	vidharm
navegação (f) marítima	जहाज़रानी (f)	jahāzarānī
pirata (m)	समुद्री लूटेरा (m)	samudrī lūtera
pirataria (f)	समुद्री डकैती (f)	samudrī dakaitī
abordagem (f)	बोर्डिंग (m)	bording
presa (f), butim (m)	लूट का माल (m)	lūt ka māl
tesouros (m pl)	खज़ाना (m)	khazāna
descobrimento (m)	खोज (f)	khoj
descobrir (novas terras)	नई ज़मीन खोजना	naī zamīn khojana
expedição (f)	अभियान (m)	abhiyān
mosqueteiro (m)	बंदूक धारी सिपाही (m)	bandūk dhārī sipāhī
cardeal (m)	कार्डिनल (m)	kārdinal
heráldica (f)	शौर्यशास्त्र (f)	shauryashāstr
heráldico	हेरल्डिक	heraldik

159. Líder. Chefe. Autoridades

rei (m)	बादशाह (m)	bādashāh
rainha (f)	महारानी (f)	mahārānī

real	राजसी	rājasī
reino (m)	राज्य (m)	rājy
príncipe (m)	राजकुमार (m)	rājakumār
princesa (f)	राजकुमारी (f)	rājakumārī
presidente (m)	राष्ट्रपति (m)	rāshtrapati
vice-presidente (m)	उपराष्ट्रपति (m)	uparāshtrapati
senador (m)	सांसद (m)	sānsad
monarca (m)	सम्राट (m)	samrāt
governante (m)	शासक (m)	shāsak
ditador (m)	तानाशाह (m)	tānāshāh
tirano (m)	तानाशाह (m)	tānāshāh
magnata (m)	रईस (m)	raīs
diretor (m)	निदेशक (m)	nideshak
chefe (m)	मुखिया (m)	mukhiya
dirigente (m)	मैनेजर (m)	mainejar
patrão (m)	साहब (m)	sāhab
dono (m)	मालिक (m)	mālik
chefe (~ de delegação)	मुखिया (m)	mukhiya
autoridades (f pl)	अधिकारी वर्ग (m pl)	adhikārī varg
superiores (m pl)	अधिकारी (m)	adhikārī
governador (m)	राज्यपाल (m)	rājyapāl
cônsul (m)	वाणिज्य-दूत (m)	vānijy-dūt
diplomata (m)	राजनयिक (m)	rājanayik
Presidente (m) da Câmara	महापालिकाध्यक्ष (m)	mahāpālikādhyaksh
xerife (m)	प्रधान हाकिम (m)	pradhān hākim
imperador (m)	सम्राट (m)	samrāt
czar (m)	राजा (m)	rāja
faraó (m)	फिरौन (m)	firaun
cã (m)	ख़ान (m)	khān

160. Viloação da lei. Criminosos. Parte 1

bandido (m)	डाकू (m)	dākū
crime (m)	जुर्म (m)	jurm
criminoso (m)	अपराधी (m)	aparādhī
ladrão (m)	चोर (m)	chor
furto, roubo (m)	चोरी (f)	chorī
raptar (ex. ~ uma criança)	अपहरण करना	apaharan karana
rapto (m)	अपहरण (m)	apaharan
raptor (m)	अपहरणकर्ता (m)	apaharanakartta
resgate (m)	फ़िरौती (f)	firautī
pedir resgate	फ़िरौती मांगना	firautī māngana
roubar (vt)	लूटना	lūtana
assaltante (m)	लुटेरा (m)	lutera

extorquir (vt)	ऐंठना	ainthana
extorsionário (m)	वसूलिकर्ता (m)	vasūlikarta
extorsão (f)	जबरन वसूली (m)	jabaran vasūlī
matar, assassinar (vt)	मारना	mārana
homicídio (m)	हत्या (f)	hatya
homicida, assassino (m)	हत्यारा (m)	hatyāra
tiro (m)	गोली (m)	golī
dar um tiro	गोली चलाना	golī chalāna
matar a tiro	गोली मारकर हत्या करना	golī mārakar hatya karana
atirar, disparar (vi)	गोली चलाना	golī chalāna
tiroteio (m)	गोलीबारी (f)	golībārī
incidente (m)	घटना (f)	ghatana
briga (~ de rua)	झगड़ा (m)	jhagara
Socorro!	बचाओ!	bachao!
vítima (f)	शिकार (m)	shikār
danificar (vt)	हानि पहुँचाना	hāni pahunchāna
dano (m)	नुक्सान (m)	nuksān
cadáver (m)	शव (m)	shav
grave	गंभीर	gambhīr
atacar (vt)	आक्रमण करना	ākraman karana
bater (espancar)	पीटना	pītana
espancar (vt)	पीट जाना	pīt jāna
tirar, roubar (dinheiro)	लूटना	lūtana
esfaquear (vt)	चाकू से मार डालना	chākū se mār dālana
mutilar (vt)	अपाहिज करना	apāhij karana
ferir (vt)	घाव करना	ghāv karana
chantagem (f)	ब्लैकमेल (m)	blaikamel
chantagear (vt)	धमकी से रुपया ऐंठना	dhamakī se rupaya ainthana
chantagista (m)	ब्लैकमेलर (m)	blaikamelar
extorsão (em troca de proteção)	ठग व्यापार (m)	thag vyāpār
extorsionário (m)	ठग व्यापारी (m)	thag vyāpārī
gângster (m)	गैंगस्टर (m)	gaingastar
máfia (f)	माफ़िया (f)	māfiya
carteirista (m)	जेबकतरा (m)	jebakatara
assaltante, ladrão (m)	सेंधमार (m)	sendhamār
contrabando (m)	तस्करी (m)	taskarī
contrabandista (m)	तस्कर (m)	taskar
falsificação (f)	जालसाज़ी (f)	jālasāzī
falsificar (vt)	जलसाज़ी करना	jalasāzī karana
falsificado	नक़ली	naqalī

161. Viloação da lei. Criminosos. Parte 2

violação (f)	बलात्कार (m)	balātkār
violar (vt)	बलात्कार करना	balātkār karana

violador (m)	बलात्कारी (m)	balātkārī
maníaco (m)	कामोन्मादी (m)	kāmonmādī
prostituta (f)	वैश्या (f)	vaishya
prostituição (f)	वेश्यावृत्ति (m)	veshyāvrtti
chulo (m)	भड़ुआ (m)	bharua
toxicodependente (m)	नशेबाज़ (m)	nashebāz
traficante (m)	नशीली दवा के विक्रेता (m)	nashīlī dava ke vikreta
explodir (vt)	विस्फोट करना	visfot karana
explosão (f)	विस्फोट (m)	visfot
incendiar (vt)	आग जलाना	āg jalāna
incendiário (m)	आग जलानेवाला (m)	āg jalānevāla
terrorismo (m)	आतंकवाद (m)	ātankavād
terrorista (m)	आतंकवादी (m)	ātankavādī
refém (m)	बंधक (m)	bandhak
enganar (vt)	धोखा देना	dhokha dena
engano (m)	धोखा (m)	dhokha
vigarista (m)	धोखेबाज़ (m)	dhokhebāz
subornar (vt)	रिश्वत देना	rishvat dena
suborno (atividade)	रिश्वतखोरी (m)	rishvatakhorī
suborno (dinheiro)	रिश्वत (m)	rishvat
veneno (m)	ज़हर (m)	zahar
envenenar (vt)	ज़हर खिलाना	zahar khilāna
envenenar-se (vr)	ज़हर खाना	zahar khāna
suicídio (m)	आत्महत्या (f)	ātmahatya
suicida (m)	आत्महत्यारा (m)	ātmahatyāra
ameaçar (vt)	धमकाना	dhamakāna
ameaça (f)	धमकी (f)	dhamakī
atentar contra a vida de …	प्रयत्न करना	prayatn karana
atentado (m)	हत्या का प्रयत्न (m)	hatya ka prayatn
roubar (o carro)	चुराना	churāna
desviar (o avião)	विमान का अपहरण करना	vimān ka apaharan karana
vingança (f)	बदला (m)	badala
vingar (vt)	बदला लेना	badala lena
torturar (vt)	घोर शरीरिक यंत्रणा पहुंचाना	ghor sharīrik yantrana pahunchāna
tortura (f)	घोर शरीरिक यंत्रणा (f)	ghor sharīrik yantrana
atormentar (vt)	सताना	satāna
pirata (m)	समुद्री लूटेरा (m)	samudrī lūtera
desordeiro (m)	बदमाश (m)	badamāsh
armado	सशस्त्र	sashastr
violência (f)	अत्यचार (m)	atyachār
espionagem (f)	जासूसी (f)	jāsūsī
espionar (vi)	जासूसी करना	jāsūsī karana

162. Polícia. Lei. Parte 1

justiça (f)	मुक़दमा (m)	muqadama
tribunal (m)	न्यायालय (m)	nyāyālay
juiz (m)	न्यायाधीश (m)	nyāyādhīsh
jurados (m pl)	जूरी सदस्य (m pl)	jūrī sadasy
tribunal (m) do júri	जूरी (f)	jūrī
julgar (vt)	मुक़दमा सुनना	muqadama sunana
advogado (m)	वकील (m)	vakīl
réu (m)	मुलज़िम (m)	mulazim
banco (m) dos réus	अदालत का कठघरा (m)	adālat ka kathaghara
acusação (f)	आरोप (m)	ārop
acusado (m)	मुलज़िम (m)	mulazim
sentença (f)	निर्णय (m)	nirnay
sentenciar (vt)	निर्णय करना	nirnay karana
culpado (m)	दोषी (m)	doshī
punir (vt)	सज़ा देना	saza dena
punição (f)	सज़ा (f)	saza
multa (f)	जुर्माना (m)	jurmāna
prisão (f) perpétua	आजीवन करावास (m)	ājīvan karāvās
pena (f) de morte	मृत्युदंड (m)	mrtyudand
cadeira (f) elétrica	बिजली की कुर्सी (f)	bijalī kī kursī
forca (f)	फांसी का तख़्ता (m)	fānsī ka takhta
executar (vt)	फांसी देना	fānsī dena
execução (f)	मौत की सज़ा (f)	maut kī saza
prisão (f)	जेल (f)	jel
cela (f) de prisão	जेल का कमरा (m)	jel ka kamara
escolta (f)	अनुरक्षक दल (m)	anurakshak dal
guarda (m) prisional	जेल का पहरेदार (m)	jel ka paharedār
preso (m)	क़ैदी (m)	qaidī
algemas (f pl)	हथकड़ी (f)	hathakarī
algemar (vt)	हथकड़ी लगाना	hathakarī lagāna
fuga, evasão (f)	काराभंग (m)	kārābhang
fugir (vi)	जेल से फरार हो जाना	jel se farār ho jāna
desaparecer (vi)	ग़ायब हो जाना	gāyab ho jāna
soltar, libertar (vt)	जेल से आज़ाद होना	jel se āzād hona
amnistia (f)	राजक्षमा (f)	rājakshama
polícia (instituição)	पुलिस (m)	pulis
polícia (m)	पुलिसवाला (m)	pulisavāla
esquadra (f) de polícia	थाना (m)	thāna
cassetete (m)	रबड़ की लाठी (f)	rabar kī lāthī
megafone (m)	मेगाफ़ोन (m)	megāfon
carro (m) de patrulha	गश्त कार (f)	gasht kār

sirene (f)	साइरन (f)	sairan
ligar a sirene	साइरन बजाना	sairan bajāna
toque (m) da sirene	साइरन की चिल्लाहट (m)	sairan kī chillāhat
cena (f) do crime	घटना स्थल (m)	ghatana sthal
testemunha (f)	गवाह (m)	gavāh
liberdade (f)	आज़ादी (f)	āzādī
cúmplice (m)	सह अपराधी (m)	sah aparādhī
escapar (vi)	भाग जाना	bhāg jāna
traço (não deixar ~s)	निशान (m)	nishān

163. Polícia. Lei. Parte 2

procura (f)	तफ़तीश (f)	tafatīsh
procurar (vt)	तफ़तीश करना	tafatīsh karana
suspeita (f)	शक (m)	shak
suspeito	शक करना	shak karana
parar (vt)	रोकना	rokana
deter (vt)	रोक के रखना	rok ke rakhana
caso (criminal)	मुकदमा (m)	mukadama
investigação (f)	जांच (f)	jānch
detetive (m)	जासूस (m)	jāsūs
investigador (m)	जांचकर्ता (m)	jānchakartta
versão (f)	अंदाज़ा (m)	andāza
motivo (m)	वजह (f)	vajah
interrogatório (m)	पूछताछ (f)	pūchhatāchh
interrogar (vt)	पूछताछ करना	pūchhatāchh karana
questionar (vt)	पुछताछ करना	puchhatāchh karana
verificação (f)	जांच (f)	jānch
batida (f) policial	घेराव (m)	gherāv
busca (f)	तलाशी (f)	talāshī
perseguição (f)	पीछा (m)	pīchha
perseguir (vt)	पीछा करना	pīchha karana
seguir (vt)	खोज निकालना	khoj nikālana
prisão (f)	गिरफ़्तारी (f)	giraftārī
prender (vt)	गिरफ़्तार करना	giraftār karana
pegar, capturar (vt)	पकड़ना	pakarana
captura (f)	पकड़ (m)	pakar
documento (m)	दस्तावेज़ (m)	dastāvez
prova (f)	सबूत (m)	sabūt
provar (vt)	साबित करना	sābit karana
pegada (f)	पैरों के निशान (m)	pairon ke nishān
impressões (f pl) digitais	उंगलियों के निशान (m)	ungaliyon ke nishān
prova (f)	सबूत (m)	sabūt
álibi (m)	अन्यत्रता (m)	anyatrata
inocente	बेगुनाह	begunāh
injustiça (f)	अन्याय (m)	anyāy
injusto	अन्यायपूर्ण	anyāyapūrn

criminal	आपराधिक	āparādhik
confiscar (vt)	कुर्क करना	kurk karana
droga (f)	अवैध पदार्थ (m)	avaidh padārth
arma (f)	हथियार (m)	hathiyār
desarmar (vt)	निरस्त्र करना	nirastr karana
ordenar (vt)	हुक्म देना	hukm dena
desaparecer (vi)	गायब होना	gāyab hona
lei (f)	कानून (m)	kānūn
legal	कानूनी	kānūnī
ilegal	अवैध	avaidh
responsabilidade (f)	ज़िम्मेदारी (f)	zimmedārī
responsável	ज़िम्मेदार	zimmedār

NATUREZA

A Terra. Parte 1

164. Espaço sideral

cosmos (m)	अंतरिक्ष (m)	antariksh
cósmico	अंतरिक्षीय	antarikshīy
espaço (m) cósmico	अंतरिक्ष (m)	antariksh
mundo, universo (m)	ब्रह्माण्ड (m)	brahmānd
galáxia (f)	आकाशगंगा (f)	ākāshaganga
estrela (f)	सितारा (m)	sitāra
constelação (f)	नक्षत्र (m)	nakshatr
planeta (m)	ग्रह (m)	grah
satélite (m)	उपग्रह (m)	upagrah
meteorito (m)	उल्का पिंड (m)	ulka pind
cometa (m)	पुच्छल तारा (m)	puchchhal tāra
asteroide (m)	ग्रहिका (f)	grahika
órbita (f)	ग्रहपथ (m)	grahapath
girar (vi)	चक्कर लगना	chakkar lagana
atmosfera (f)	वातावरण (m)	vātāvaran
Sol (m)	सूरज (m)	sūraj
Sistema (m) Solar	सौर प्रणाली (f)	saur pranālī
eclipse (m) solar	सूर्य ग्रहण (m)	sūry grahan
Terra (f)	पृथ्वी (f)	prthvī
Lua (f)	चांद (m)	chānd
Marte (m)	मंगल (m)	mangal
Vénus (f)	शुक्र (m)	shukr
Júpiter (m)	बृहस्पति (m)	brhaspati
Saturno (m)	शनि (m)	shani
Mercúrio (m)	बुध (m)	budh
Urano (m)	अरुण (m)	arun
Neptuno (m)	वरूण (m)	varūn
Plutão (m)	प्लूटो (m)	plūto
Via Láctea (f)	आकाश गंगा (f)	ākāsh ganga
Ursa Maior (f)	सप्तर्षिमंडल (m)	saptarshimandal
Estrela Polar (f)	ध्रुव तारा (m)	dhruv tāra
marciano (m)	मंगल ग्रह का निवासी (m)	mangal grah ka nivāsī
extraterrestre (m)	अन्य नक्षत्र का निवासी (m)	any nakshatr ka nivāsī
alienígena (m)	अन्य नक्षत्र का निवासी (m)	any nakshatr ka nivāsī

disco (m) voador — उड़न तश्तरी (f) — uran tashtarī
nave (f) espacial — अंतरिक्ष विमान (m) — antariksh vimān
estação (f) orbital — अंतरिक्ष अड्डा (m) — antariksh adda
lançamento (m) — चालू करना (m) — chālū karana

motor (m) — इंजन (m) — injan
bocal (m) — नोज़ल (m) — nozal
combustível (m) — ईंधन (m) — īndhan

cabine (f) — केबिन (m) — kebin
antena (f) — एरियल (m) — eriyal

vigia (f) — विमान गवाक्ष (m) — vimān gavāksh
bateria (f) solar — सौर पेनल (m) — saur penal
traje (m) espacial — अंतरिक्ष पोशाक (m) — antariksh poshāk

imponderabilidade (f) — भारहीनता (m) — bhārahīnata
oxigénio (m) — आक्सीजन (m) — āksījan

acoplagem (f) — डॉकिंग (f) — doking
fazer uma acoplagem — डॉकिंग करना — doking karana

observatório (m) — वेधशाला (m) — vedhashāla
telescópio (m) — दूरबीन (f) — dūrabīn

observar (vt) — देखना — dekhana
explorar (vt) — जाँचना — jānchana

165. A Terra

Terra (f) — पृथ्वी (f) — prthvī
globo terrestre (Terra) — गोला (m) — gola
planeta (m) — ग्रह (m) — grah

atmosfera (f) — वातावरण (m) — vātāvaran
geografia (f) — भूगोल (m) — bhūgol
natureza (f) — प्रकृति (f) — prakrti

globo (mapa esférico) — गोलक (m) — golak
mapa (m) — नक्शा (m) — naksha
atlas (m) — मानचित्रावली (f) — mānachitrāvalī

Europa (f) — यूरोप (m) — yūrop
Ásia (f) — एशिया (f) — eshiya

África (f) — अफ्रीका (m) — afrīka
Austrália (f) — ऑस्ट्रेलिया (m) — ostreliya

América (f) — अमेरिका (f) — amerika
América (f) do Norte — उत्तरी अमेरिका (f) — uttarī amerika
América (f) do Sul — दक्षिणी अमेरिका (f) — dakshinī amerika

Antártida (f) — अंटार्कटिक (m) — antārkatik
Ártico (m) — आर्कटिक (m) — ārkatik

166. Pontos cardeais

norte (m)	उत्तर (m)	uttar
para norte	उत्तर की ओर	uttar kī or
no norte	उत्तर में	uttar men
do norte	उत्तरी	uttarī
sul (m)	दक्षिण (m)	dakshin
para sul	दक्षिण की ओर	dakshin kī or
no sul	दक्षिण में	dakshin men
do sul	दक्षिणी	dakshinī
oeste, ocidente (m)	पश्चिम (m)	pashchim
para oeste	पश्चिम की ओर	pashchim kī or
no oeste	पश्चिम में	pashchim men
ocidental	पश्चिमी	pashchimī
leste, oriente (m)	पूर्व (m)	pūrv
para leste	पूर्व की ओर	pūrv kī or
no leste	पूर्व में	pūrv men
oriental	पूर्वी	pūrvī

167. Mar. Oceano

mar (m)	सागर (m)	sāgar
oceano (m)	महासागर (m)	mahāsāgar
golfo (m)	खाड़ी (f)	khārī
estreito (m)	जलग्रीवा (m)	jalagrīva
continente (m)	महाद्वीप (m)	mahādvīp
ilha (f)	द्वीप (m)	dvīp
península (f)	प्रायद्वीप (m)	prāyadvīp
arquipélago (m)	द्वीप समूह (m)	dvīp samūh
baía (f)	तट-खाड़ी (f)	tat-khārī
porto (m)	बंदरगाह (m)	bandaragāh
lagoa (f)	लैगून (m)	laigūn
cabo (m)	अंतरीप (m)	antarīp
atol (m)	एटोल (m)	etol
recife (m)	रीफ़ (m)	rīf
coral (m)	प्रवाल (m)	pravāl
recife (m) de coral	प्रवाल रीफ़ (m)	pravāl rīf
profundo	गहरा	gahara
profundidade (f)	गहराई (f)	gaharaī
abismo (m)	रसातल (m)	rasātal
fossa (f) oceânica	गढ़ा (m)	garha
corrente (f)	धारा (f)	dhāra
banhar (vt)	घिरा होना	ghira hona
litoral (m)	किनारा (m)	kināra
costa (f)	तटबंध (m)	tatabandh

maré (f) alta	ज्वार (m)	jvār
refluxo (m), maré (f) baixa	भाटा (m)	bhāta
restinga (f)	रेती (m)	retī
fundo (m)	तला (m)	tala
onda (f)	तरंग (f)	tarang
crista (f) da onda	तरंग शिखर (f)	tarang shikhar
espuma (f)	झाग (m)	jhāg
furacão (m)	तूफ़ान (m)	tufān
tsunami (m)	सुनामी (f)	sunāmī
calmaria (f)	शांत (m)	shānt
calmo	शांत	shānt
polo (m)	ध्रुव (m)	dhruv
polar	ध्रुवीय	dhruvīy
latitude (f)	अक्षांश (m)	akshānsh
longitude (f)	देशान्तर (m)	deshāntar
paralela (f)	समांतर-रेखा (f)	samāntar-rekha
equador (m)	भूमध्य रेखा (f)	bhūmadhy rekha
céu (m)	आकाश (f)	ākāsh
horizonte (m)	क्षितिज (m)	kshitij
ar (m)	हवा (f)	hava
farol (m)	प्रकाशस्तंभ (m)	prakāshastambh
mergulhar (vi)	गोता मारना	gota mārana
afundar-se (vr)	डूब जाना	dūb jāna
tesouros (m pl)	खज़ाना (m)	khazāna

168. Montanhas

montanha (f)	पहाड़ (m)	pahār
cordilheira (f)	पर्वत माला (f)	parvat māla
serra (f)	पहाड़ों का सिलसिला (m)	pahāron ka silasila
cume (m)	चोटी (f)	chotī
pico (m)	शिखर (m)	shikhar
sopé (m)	तलहटी (f)	talahatī
declive (m)	ढलान (f)	dhalān
vulcão (m)	ज्वालामुखी (m)	jvālāmukhī
vulcão (m) ativo	सक्रिय ज्वालामुखी (m)	sakriy jvālāmukhī
vulcão (m) extinto	निष्क्रिय ज्वालामुखी (m)	nishkriy jvālāmukhī
erupção (f)	विस्फोटन (m)	visfotan
cratera (f)	ज्वालामुखी का मुख (m)	jvālāmukhī ka mukh
magma (m)	मैग्मा (m)	maigma
lava (f)	लावा (m)	lāva
fundido (lava ~a)	पिघला हुआ	pighala hua
desfiladeiro (m)	घाटी (m)	ghātī
garganta (f)	तंग घाटी (f)	tang ghātī

fenda (f)	दरार (m)	darār
passo, colo (m)	मार्ग (m)	mārg
planalto (m)	पठार (m)	pathār
falésia (f)	शिला (f)	shila
colina (f)	टीला (m)	tīla
glaciar (m)	हिमनद (m)	himanad
queda (f) d'água	झरना (m)	jharana
géiser (m)	उष्ण जल स्रोत (m)	ushn jal srot
lago (m)	तालाब (m)	tālāb
planície (f)	समतल प्रदेश (m)	samatal pradesh
paisagem (f)	परिदृश्य (m)	paridrshy
eco (m)	गूँज (f)	gūnj
alpinista (m)	पर्वतारोही (m)	parvatārohī
escalador (m)	पर्वतारोही (m)	parvatārohī
conquistar (vt)	चोटी पर पहुँचना	chotī par pahunchana
subida, escalada (f)	चढ़ाव (m)	charhāv

169. Rios

rio (m)	नदी (f)	nadī
fonte, nascente (f)	झरना (m)	jharana
leito (m) do rio	नदी तल (m)	nadī tal
bacia (f)	बेसिन (m)	besin
desaguar no …	गिरना	girana
afluente (m)	उपनदी (f)	upanadī
margem (do rio)	तट (m)	tat
corrente (f)	धारा (f)	dhāra
rio abaixo	बहाव के साथ	bahāv ke sāth
rio acima	बहाव के विरुद्ध	bahāv ke virūddh
inundação (f)	बाढ़ (f)	bārh
cheia (f)	बाढ़ (f)	bārh
transbordar (vi)	उमड़ना	umarana
inundar (vt)	पानी से भरना	pānī se bharana
banco (m) de areia	छिछला पानी (m)	chhichhala pānī
rápidos (m pl)	तेज़ उतार (m)	tez utār
barragem (f)	बांध (m)	bāndh
canal (m)	नहर (f)	nahar
reservatório (m) de água	जलाशय (m)	jalāshay
eclusa (f)	स्लूस (m)	slūs
corpo (m) de água	जल स्रोत (m)	jal srot
pântano (m)	दलदल (f)	daladal
tremedal (m)	दलदल (f)	daladal
remoinho (m)	भंवर (m)	bhanvar
arroio, regato (m)	झरना (m)	jharana
potável	पीने का	pīne ka

doce (água)	ताज़ा	tāza
gelo (m)	बर्फ़ (m)	barf
congelar-se (vr)	जम जाना	jam jāna

170. Floresta

floresta (f), bosque (m)	जंगल (m)	jangal
florestal	जंगली	jangalī
mata (f) cerrada	घना जंगल (m)	ghana jangal
arvoredo (m)	उपवान (m)	upavān
clareira (f)	खुला छोटा मैदान (m)	khula chhota maidān
matagal (m)	झाड़ियाँ (f pl)	jhāriyān
mato (m)	झाड़ियों भरा मैदान (m)	jhāriyon bhara maidān
vereda (f)	फुटपाथ (m)	futapāth
ravina (f)	नाली (f)	nālī
árvore (f)	पेड़ (m)	per
folha (f)	पत्ता (m)	patta
folhagem (f)	पत्तियां (f)	pattiyān
queda (f) das folhas	पतझड़ (m)	patajhar
cair (vi)	गिरना	girana
topo (m)	शिखर (m)	shikhar
ramo (m)	टहनी (f)	tahanī
galho (m)	शाखा (f)	shākha
botão, rebento (m)	कलिका (f)	kalika
agulha (f)	सुई (f)	suī
pinha (f)	शंकुफल (m)	shankufal
buraco (m) de árvore	खोखला (m)	khokhala
ninho (m)	घोंसला (m)	ghonsala
toca (f)	बिल (m)	bil
tronco (m)	तना (m)	tana
raiz (f)	जड़ (f)	jar
casca (f) de árvore	छाल (f)	chhāl
musgo (m)	काई (f)	kaī
arrancar pela raiz	उखाड़ना	ukhārana
cortar (vt)	काटना	kātana
desflorestar (vt)	जंगल काटना	jangal kātana
toco, cepo (m)	ठूंठ (m)	thūnth
fogueira (f)	अलाव (m)	alāv
incêndio (m) florestal	जंगल की आग (f)	jangal kī āg
apagar (vt)	आग बुझाना	āg bujhāna
guarda-florestal (m)	वनरक्षक (m)	vanarakshak
proteção (f)	रक्षा (f)	raksha
proteger (a natureza)	रक्षा करना	raksha karana

caçador (m) furtivo	चोर शिकारी (m)	chor shikārī
armadilha (f)	फंदा (m)	fanda
colher (cogumelos, bagas)	बटोरना	batorana
perder-se (vr)	रास्ता भूलना	rāsta bhūlana

171. Recursos naturais

recursos (m pl) naturais	प्राकृतिक संसाधन (m pl)	prākrtik sansādhan
minerais (m pl)	खनिज पदार्थ (m pl)	khanij padārth
depósitos (m pl)	तह (f pl)	tah
jazida (f)	क्षेत्र (m)	kshetr
extrair (vt)	खोदना	khodana
extração (f)	खनिकर्म (m)	khanikarm
minério (m)	अयस्क (m)	ayask
mina (f)	खान (f)	khān
poço (m) de mina	शैफ़्ट (m)	shaifat
mineiro (m)	खनिक (m)	khanik
gás (m)	गैस (m)	gais
gasoduto (m)	गैस पाइप लाइन (m)	gais paip lain
petróleo (m)	पेट्रोल (m)	petrol
oleoduto (m)	तेल पाइप लाइन (m)	tel paip lain
poço (m) de petróleo	तेल का कुँआ (m)	tel ka kuna
torre (f) petrolífera	डेरिक (m)	derik
petroleiro (m)	टैंकर (m)	tainkar
areia (f)	रेत (m)	ret
calcário (m)	चूना पत्थर (m)	chūna patthar
cascalho (m)	बजरी (f)	bajarī
turfa (f)	पीट (m)	pīt
argila (f)	मिट्टी (f)	mittī
carvão (m)	कोयला (m)	koyala
ferro (m)	लोहा (m)	loha
ouro (m)	सोना (m)	sona
prata (f)	चाँदी (f)	chāndī
níquel (m)	गिलट (m)	gilat
cobre (m)	ताँबा (m)	tānba
zinco (m)	जस्ता (m)	jasta
manganês (m)	अयस (m)	ayas
mercúrio (m)	पारा (f)	pāra
chumbo (m)	सीसा (f)	sīsa
mineral (m)	खनिज (m)	khanij
cristal (m)	क्रिस्टल (m)	kristal
mármore (m)	संगमरमर (m)	sangamaramar
urânio (m)	यूरेनियम (m)	yūreniyam

A Terra. Parte 2

172. Tempo

tempo (m)	मौसम (m)	mausam
previsão (f) do tempo	मौसम का पूर्वानुमान (m)	mausam ka pūrvānumān
temperatura (f)	तापमान (m)	tāpamān
termómetro (m)	थर्मामीटर (m)	tharmāmītar
barómetro (m)	बैरोमीटर (m)	bairomītar
humidade (f)	नमी (f)	namī
calor (m)	गरमी (f)	garamī
cálido	गरम	garam
está muito calor	गरमी है	garamī hai
está calor	गरम है	garam hai
quente	गरम	garam
está frio	ठंडक है	thandak hai
frio	ठंडा	thanda
sol (m)	सूरज (m)	sūraj
brilhar (vi)	चमकना	chamakana
de sol, ensolarado	धूपदार	dhūpadār
nascer (vi)	उगना	ugana
pôr-se (vr)	डूबना	dūbana
nuvem (f)	बादल (m)	bādal
nublado	मेघाच्छादित	meghāchchhādit
nuvem (f) preta	घना बादल (m)	ghana bādal
escuro, cinzento	बदली	badalī
chuva (f)	बारिश (f)	bārish
está a chover	बारिश हो रही है	bārish ho rahī hai
chuvoso	बरसाती	barasātī
chuviscar (vi)	बूंदाबांदी होना	būndābāndī hona
chuva (f) torrencial	मूसलधार बारिश (f)	mūsaladhār bārish
chuvada (f)	मूसलधार बारिश (f)	mūsaladhār bārish
forte (chuva)	भारी	bhārī
poça (f)	पोखर (m)	pokhar
molhar-se (vr)	भीगना	bhīgana
nevoeiro (m)	कुहरा (m)	kuhara
de nevoeiro	कुहरेदार	kuharedār
neve (f)	बर्फ़ (f)	barf
está a nevar	बर्फ़ पड़ रही है	barf par rahī hai

173. Tempo extremo. Catástrofes naturais

trovoada (f)	गरजवाला तुफान (m)	garajavāla tufān
relâmpago (m)	बिजली (m)	bijalī
relampejar (vi)	चमकना	chamakana
trovão (m)	गरज (m)	garaj
trovejar (vi)	बादल गरजना	bādal garajana
está a trovejar	बादल गरज रहा है	bādal garaj raha hai
granizo (m)	ओला (m)	ola
está a cair granizo	ओले पड़ रहे हैं	ole par rahe hain
inundar (vt)	बाढ़ आ जाना	bārh ā jāna
inundação (f)	बाढ़ (f)	bārh
terremoto (m)	भूकंप (m)	bhūkamp
abalo, tremor (m)	झटका (m)	jhataka
epicentro (m)	अधिकेंद्र (m)	adhikendr
erupção (f)	उद्गार (m)	udgār
lava (f)	लावा (m)	lāva
turbilhão (m)	बवंडर (m)	bavandar
tornado (m)	टोर्नेडो (m)	tornedo
tufão (m)	रतूफ़ान (m)	ratūfān
furacão (m)	समुद्री तूफ़ान (m)	samudrī tūfān
tempestade (f)	तुफ़ान (m)	tufān
tsunami (m)	सुनामी (f)	sunāmī
ciclone (m)	चक्रवात (m)	chakravāt
mau tempo (m)	ख़राब मौसम (m)	kharāb mausam
incêndio (m)	आग (f)	āg
catástrofe (f)	प्रलय (m)	pralay
meteorito (m)	उल्का पिंड (m)	ulka pind
avalanche (f)	हिमस्खलन (m)	himaskhalan
deslizamento (m) de neve	हिमस्खलन (m)	himaskhalan
nevasca (f)	बर्फ़ का तुफ़ान (m)	barf ka tufān
tempestade (f) de neve	बर्फ़ीला तुफ़ान (m)	barfila tufān

Fauna

174. Mamíferos. Predadores

predador (m)	परभक्षी (m)	parabhakshī
tigre (m)	बाघ (m)	bāgh
leão (m)	शेर (m)	sher
lobo (m)	भेड़िया (m)	bheriya
raposa (f)	लोमड़ी (f)	lomri
jaguar (m)	जागुआर (m)	jāguār
leopardo (m)	तेंदुआ (m)	tendua
chita (f)	चीता (m)	chīta
pantera (f)	काला तेंदुआ (m)	kāla tendua
puma (m)	पहाड़ी बिलाव (m)	pahādī bilāv
leopardo-das-neves (m)	हिम तेंदुआ (m)	him tendua
lince (m)	वन बिलाव (m)	van bilāv
coiote (m)	कोयोट (m)	koyot
chacal (m)	गीदड़ (m)	gīdar
hiena (f)	लकड़बग्घा (m)	lakarabaggha

175. Animais selvagens

animal (m)	जानवर (m)	jānavar
besta (f)	जानवर (m)	jānavar
esquilo (m)	गिलहरी (f)	gilaharī
ouriço (m)	कांटा-चूहा (m)	kānta-chūha
lebre (f)	खरगोश (m)	kharagosh
coelho (m)	खरगोश (m)	kharagosh
texugo (m)	बिज्जू (m)	bijjū
guaxinim (m)	रैकून (m)	raikūn
hamster (m)	हैम्स्टर (m)	haimstar
marmota (f)	मारमोट (m)	māramot
toupeira (f)	छछूंदर (m)	chhachhūndar
rato (m)	चूहा (m)	chūha
ratazana (f)	घूस (m)	ghūs
morcego (m)	चमगादड़ (m)	chamagādar
arminho (m)	नेवला (m)	nevala
zibelina (f)	सेबल (m)	sebal
marta (f)	मारटेन (m)	māraten
doninha (f)	नेवला (m)	nevala
vison (m)	मिंक (m)	mink

castor (m)	ऊदबिलाव (m)	ūdabilāv
lontra (f)	ऊदबिलाव (m)	ūdabilāv
cavalo (m)	घोड़ा (m)	ghora
alce (m)	मूस (m)	mūs
veado (m)	हिरण (m)	hiran
camelo (m)	ऊंट (m)	ūnt
bisão (m)	बाइसन (m)	baisan
auroque (m)	जंगली बैल (m)	jangalī bail
búfalo (m)	भैंस (m)	bhains
zebra (f)	ज़ेबरा (m)	zebara
antílope (m)	मृग (f)	mrg
corça (f)	मृग्नी (f)	mrgnī
gamo (m)	चीतल (m)	chītal
camurça (f)	शैमी (f)	shaimī
javali (m)	जंगली सुआर (m)	jangalī suār
baleia (f)	ह्वेल (f)	hvel
foca (f)	सील (m)	sīl
morsa (f)	वॉलरस (m)	volaras
urso-marinho (m)	फर सील (f)	far sīl
golfinho (m)	डॉलफ़िन (f)	dolafin
urso (m)	रीछ (m)	rīchh
urso (m) branco	सफ़ेद रीछ (m)	safed rīchh
panda (m)	पांडा (m)	pānda
macaco (em geral)	बंदर (m)	bandar
chimpanzé (m)	वनमानुष (m)	vanamānush
orangotango (m)	वनमानुष (m)	vanamānush
gorila (m)	गोरिला (m)	gorila
macaco (m)	अफ्रिकिन लंगूर (m)	afrikan langūr
gibão (m)	गिब्बन (m)	gibban
elefante (m)	हाथी (m)	hāthī
rinoceronte (m)	गैंडा (m)	gainda
girafa (f)	जिराफ़ (m)	jirāf
hipopótamo (m)	दरियाई घोड़ा (m)	dariyaī ghora
canguru (m)	कंगारू (m)	kangārū
coala (m)	कोआला (m)	koāla
mangusto (m)	नेवला (m)	nevala
chinchila (m)	चिनचीला (f)	chinachīla
doninha-fedorenta (f)	स्कंक (m)	skank
porco-espinho (m)	शल्यक (f)	shalyak

176. Animais domésticos

gata (f)	बिल्ली (f)	billī
gato (m) macho	बिल्ला (m)	billa
cão (m)	कुत्ता (m)	kutta

cavalo (m)	घोड़ा (m)	ghora
garanhão (m)	घोड़ा (m)	ghora
égua (f)	घोड़ी (f)	ghorī
vaca (f)	गाय (f)	gāy
touro (m)	बैल (m)	bail
boi (m)	बैल (m)	bail
ovelha (f)	भेड़ (f)	bher
carneiro (m)	भेड़ा (m)	bhera
cabra (f)	बकरी (f)	bakarī
bode (m)	बकरा (m)	bakara
burro (m)	गधा (m)	gadha
mula (f)	खच्चर (m)	khachchar
porco (m)	सुअर (m)	suar
leitão (m)	घेंटा (m)	ghenta
coelho (m)	खरगोश (m)	kharagosh
galinha (f)	मुर्गी (f)	murgī
galo (m)	मुर्गा (m)	murga
pata (f)	बत्तख़ (f)	battakh
pato (macho)	नर बत्तख़ (m)	nar battakh
ganso (m)	हंस (m)	hans
peru (m)	नर टर्की (m)	nar tarkī
perua (f)	टर्की (f)	tarkī
animais (m pl) domésticos	घरेलू पशु (m pl)	gharelū pashu
domesticado	पालतू	pālatū
domesticar (vt)	पालतू बनाना	pālatū banāna
criar (vt)	पालना	pālana
quinta (f)	खेत (m)	khet
aves (f pl) domésticas	मुर्गी पालन (f)	murgī pālan
gado (m)	मवेशी (m)	maveshī
rebanho (m), manada (f)	पशु समूह (m)	pashu samūh
estábulo (m)	अस्तबल (m)	astabal
pocilga (f)	सूअरखाना (m)	sūarakhāna
estábulo (m)	गोशाला (f)	goshāla
coelheira (f)	खरगोश का दरबा (m)	kharagosh ka daraba
galinheiro (m)	मुर्गीखाना (m)	murgīkhāna

177. Cães. Raças de cães

cão (m)	कुत्ता (m)	kutta
cão pastor (m)	गड़रिये का कुत्ता (m)	garariye ka kutta
caniche (m)	पूडल (m)	pūdal
teckel (m)	डाक्सहूण्ड (m)	dāksahūnd
buldogue (m)	बुलडॉग (m)	buladog
boxer (m)	बॉक्सर (m)	boksar

mastim (m)	मास्टिफ़ (m)	māstif
rottweiler (m)	रॉटवायलर (m)	rotavāyalar
dobermann (m)	डोबरमैन (m)	dobaramain
basset (m)	बास्सेट (m)	bāsset
pastor inglês (m)	बोब्टेल (m)	bobtel
dálmata (m)	डालमेशियन (m)	dālameshiyan
cocker spaniel (m)	कॉकर स्पैनियल (m)	kokar spainiyal
terra-nova (m)	न्यूफाउंडलंड (m)	nyūfaundaland
são-bernardo (m)	सेंट बर्नार्ड (m)	sent barnārd
husky (m)	हस्की (m)	haskī
Chow-chow (m)	चाउ-चाउ (m)	chau-chau
spitz alemão (m)	स्पीट्ज़ (m)	spītz
carlindogue (m)	पग (m)	pag

178. Sons produzidos pelos animais

latido (m)	भौं-भौं (f)	bhaun-bhaun
latir (vi)	भौंकना	bhaunkana
miar (vi)	म्याऊं-म्याउं करना	myaūn-myaun karana
ronronar (vi)	घुरघुराना	ghuraghurāna
mugir (vaca)	रँभाना	ranbhāna
bramir (touro)	गर्जना	garjana
rosnar (vi)	गुर्राना	gurrāna
uivo (m)	गुर्राहट (f)	gurrāhat
uivar (vi)	चिल्लाना (m)	chillāna
ganir (vi)	रिरियाना	ririyāna
balir (vi)	मिमियाना	mimiyāna
grunhir (porco)	घुरघुराना	ghuraghurāna
guinchar (vi)	किकियाना	kikiyāna
coaxar (sapo)	टर्र-टर्र करना	tarr-tarr karana
zumbir (inseto)	भनभनाना	bhanabhanāna
estridular, ziziar (vi)	चरचराना	characharāna

179. Pássaros

pássaro (m), ave (f)	चिड़िया (f)	chiriya
pombo (m)	कबूतर (m)	kabūtar
pardal (m)	गौरैया (f)	gauraiya
chapim-real (m)	टिटरी (f)	titarī
pega-rabuda (f)	नीलकण्ठ पक्षी (f)	nīlakanth pakshī
corvo (m)	काला कौआ (m)	kāla kaua
gralha (f) cinzenta	कौआ (m)	kaua
gralha-de-nuca-cinzenta (f)	कौआ (m)	kaua
gralha-calva (f)	कौआ (m)	kaua

pato (m)	बत्तख़ (f)	battakh
ganso (m)	हंस (m)	hans
faisão (m)	तीतर (m)	tītar
águia (f)	चील (f)	chīl
açor (m)	बाज़ (m)	bāz
falcão (m)	बाज़ (m)	bāz
abutre (m)	गिद्ध (m)	giddh
condor (m)	कॉन्डोर (m)	kondor
cisne (m)	राजहंस (m)	rājahans
grou (m)	सारस (m)	sāras
cegonha (f)	लकलक (m)	lakalak
papagaio (m)	तोता (m)	tota
beija-flor (m)	हमिंग बर्ड (f)	haming bard
pavão (m)	मोर (m)	mor
avestruz (m)	शुतुरमुर्ग (m)	shuturamurg
garça (f)	बगुला (m)	bagula
flamingo (m)	फ़्लेमिन्गो (m)	flemingo
pelicano (m)	हवासिल (m)	havāsil
rouxinol (m)	बुलबुल (m)	bulabul
andorinha (f)	अबाबील (f)	abābīl
tordo-zornal (m)	मुखव्रण (f)	mukhavran
tordo-músico (m)	मुखव्रण (f)	mukhavran
melro-preto (m)	ब्लैकबर्ड (m)	blaikabard
andorinhão (m)	बतासी (f)	batāsī
cotovia (f)	भरत (m)	bharat
codorna (f)	वर्त्तक (m)	varttak
pica-pau (m)	कठफोड़ा (m)	kathafora
cuco (m)	कोयल (f)	koyal
coruja (f)	उल्लू (m)	ullū
corujão, bufo (m)	गरूड़ उल्लू (m)	garūr ullū
tetraz-grande (m)	तीतर (m)	tītar
tetraz-lira (m)	काला तीतर (m)	kāla tītar
perdiz-cinzenta (f)	चकोर (m)	chakor
estorninho (m)	तिलिया (f)	tiliya
canário (m)	कनारी (f)	kanārī
galinha-do-mato (f)	पिंगल तीतर (m)	pingal tītar
tentilhão (m)	फ़िंच (m)	finch
dom-fafe (m)	बुलफ़िंच (m)	bulafinch
gaivota (f)	गंगा-चिल्ली (f)	ganga-chillī
albatroz (m)	अल्बात्रोस (m)	albātros
pinguim (m)	पेंगुइन (m)	penguin

180. Pássaros. Canto e sons

cantar (vi)	गाना	gāna
gritar (vi)	बुलाना	bulāna

cantar (o galo)	बाँग देना	bāng dena
cocorocó (m)	कुकड़ूंकू	kukarūnkū
cacarejar (vi)	कुड़कुड़ाना	kurakurāna
crocitar (vi)	कांय कांय करना	kāny kāny karana
grasnar (vi)	कुवैक कुवैक करना	kuvaik kuvaik karana
piar (vi)	चीं चीं करना	chīn chīn karana
chilrear, gorjear (vi)	चहकना	chahakana

181. Peixes. Animais marinhos

brema (f)	ब्रीम (f)	brīm
carpa (f)	कार्प (f)	kārp
perca (f)	पर्च (f)	parch
siluro (m)	कैटफ़िश (f)	kaitafish
lúcio (m)	पाइक (f)	paik
salmão (m)	सैल्मन (f)	sailman
esturjão (m)	स्टर्जन (f)	starjan
arenque (m)	हेरिंग (f)	hering
salmão (m)	अटलांटिक सैल्मन (f)	atalāntik sailman
cavala, sarda (f)	माक्रैल (f)	mākrail
solha (f)	फ़्लैटफ़िश (f)	flaitafish
lúcio perca (m)	पाइक पर्च (f)	paik parch
bacalhau (m)	कॉड (f)	kod
atum (m)	टूना (f)	tūna
truta (f)	ट्राउट (f)	traut
enguia (f)	सर्पमीन (f)	sarpamīn
raia elétrica (f)	विद्युत शंकुश (f)	vidyut shankush
moreia (f)	मोरे सर्पमीन (f)	more sarpamīn
piranha (f)	पिरान्हा (f)	pirānha
tubarão (m)	शार्क (f)	shārk
golfinho (m)	डॉलफ़िन (f)	dolafin
baleia (f)	ह्वेल (f)	hvel
caranguejo (m)	केकड़ा (m)	kekara
medusa, alforreca (f)	जेली फ़िश (f)	jelī fish
polvo (m)	आक्टोपस (m)	āktopas
estrela-do-mar (f)	स्टार फ़िश (f)	stār fish
ouriço-do-mar (m)	जलसाही (f)	jalasāhī
cavalo-marinho (m)	समुद्री घोड़ा (m)	samudrī ghora
ostra (f)	कस्तूरा (m)	kastūra
camarão (m)	झींगा (f)	jhīnga
lavagante (m)	लॉब्सटर (m)	lobsatar
lagosta (f)	स्पाइनी लॉब्सटर (m)	spainī lobsatar

182. Amfíbios. Répteis

serpente, cobra (f)	सर्प (m)	sarp
venenoso	विषैला	vishaila
víbora (f)	वाइपर (m)	vaipar
cobra-capelo, naja (f)	नाग (m)	nāg
pitão (m)	अजगर (m)	ajagar
jiboia (f)	अजगर (m)	ajagar
cobra-de-água (f)	साँप (f)	sānp
cascavel (f)	रैटल सर्प (m)	raital sarp
anaconda (f)	एनाकोन्डा (f)	enākonda
lagarto (m)	छिपकली (f)	chhipakalī
iguana (f)	इग्यूएना (m)	igyūena
varano (m)	मॉनिटर छिपकली (f)	monitar chhipakalī
salamandra (f)	सैलामैंडर (m)	sailāmaindar
camaleão (m)	गिरगिट (m)	giragit
escorpião (m)	वृश्चिक (m)	vrshchik
tartaruga (f)	कछुआ (m)	kachhua
rã (f)	मेंढक (m)	mendhak
sapo (m)	भेक (m)	bhek
crocodilo (m)	मगर (m)	magar

183. Insetos

inseto (m)	कीट (m)	kīt
borboleta (f)	तितली (f)	titalī
formiga (f)	चींटी (f)	chīntī
mosca (f)	मक्खी (f)	makkhī
mosquito (m)	मच्छर (m)	machchhar
escaravelho (m)	भृंग (m)	bhrng
vespa (f)	हड्डा (m)	hadda
abelha (f)	मधुमक्खी (f)	madhumakkhī
mamangava (f)	भंवरा (m)	bhanvara
moscardo (m)	गोमक्खी (f)	gomakkhī
aranha (f)	मकड़ी (f)	makarī
teia (f) de aranha	मकड़ी का जाल (m)	makarī ka jāl
libélula (f)	व्याध-पतंग (m)	vyādh-patang
gafanhoto-do-campo (m)	टिड्डा (m)	tidda
traça (f)	पतंगा (m)	patanga
barata (f)	तिलचट्टा (m)	tilachatta
carraça (f)	जुँआ (m)	juna
pulga (f)	पिस्सू (m)	pissū
borrachudo (m)	भुनगा (m)	bhunaga
gafanhoto (m)	टिड्डी (f)	tiddī
caracol (m)	घोंघा (m)	ghongha

grilo (m)	झींगुर (m)	jhīngur
pirilampo (m)	जुगनू (m)	juganū
joaninha (f)	सोनपखी (f)	sonapankhī
besouro (m)	कोकचाफ़ (m)	kokachāf
sanguessuga (f)	जोक (m)	jok
lagarta (f)	इल्ली (f)	illī
minhoca (f)	केंचुआ (m)	kenchua
larva (f)	कीटडिंभ (m)	kītadimbh

184. Animais. Partes do corpo

bico (m)	चोंच (f)	chonch
asas (f pl)	पंख (m pl)	pankh
pata (f)	पंजा (m)	panja
plumagem (f)	पक्षी के पर (m)	pakshī ke par
pena, pluma (f)	पर (m)	par
crista (f)	कलगी (f)	kalagī
brânquias, guelras (f pl)	गलफड़ा (m)	galafara
ovas (f pl)	अंडा (m)	anda
larva (f)	लार्वा (f)	lārva
barbatana (f)	मछली का पंख (m)	machhalī ka pankh
escama (f)	स्केल (f)	skel
canino (m)	खांग (m)	khāng
pata (f)	पंजा (m)	panja
focinho (m)	थूथन (m)	thūthan
boca (f)	मुंह (m)	munh
cauda (f), rabo (m)	पूंछ (f)	pūnchh
bigodes (m pl)	मूंछें (f pl)	mūnchhen
casco (m)	खुर (m)	khur
corno (m)	शृंग (m)	shrng
carapaça (f)	कवच (m)	kavach
concha (f)	कौड़ी (f)	kaurī
casca (f) de ovo	अंडे का छिलका (m)	ande ka chhilaka
pelo (m)	जानवर के बाल (m)	jānavar ke bāl
pele (f), couro (m)	पशुचर्म (m)	pashucharm

185. Animais. Habitats

hábitat	निवास-स्थान (m)	nivās-sthān
migração (f)	देशांतरण (m)	deshāntaran
montanha (f)	पहाड़ (m)	pahār
recife (m)	रीफ़ (m)	rīf
falésia (f)	शिला (f)	shila
floresta (f)	वन (m)	van
selva (f)	जंगल (m)	jangal

savana (f)	सवान्ना (m)	savānna
tundra (f)	तुंद्रा (m)	tundra
estepe (f)	घास का मैदान (m)	ghās ka maidān
deserto (m)	रेगिस्तान (m)	registān
oásis (m)	नख़लिस्तान (m)	nakhalistān
mar (m)	सागर (m)	sāgar
lago (m)	तालाब (m)	tālāb
oceano (m)	महासागर (m)	mahāsāgar
pântano (m)	दलदल (m)	daladal
de água doce	मीठे पानी का	mīthe pānī ka
lagoa (f)	ताल (m)	tāl
rio (m)	नदी (f)	nadī
toca (f) do urso	गुफ़ा (f)	gufa
ninho (m)	घोंसला (m)	ghonsala
buraco (m) de árvore	खोखला (m)	khokhala
toca (f)	बिल (m)	bil
formigueiro (m)	बांबी (f)	bāmbī

Flora

186. Árvores

árvore (f)	पेड़ (m)	per
decídua	पर्णपाती	parnapātī
conífera	शंकुधर	shankudhar
perene	सदाबहार	sadābahār
macieira (f)	सेब वृक्ष (m)	seb vrksh
pereira (f)	नाश्पाती का पेड़ (m)	nāshpātī ka per
cerejeira, ginjeira (f)	चेरी का पेड़ (f)	cherī ka per
ameixeira (f)	आलूबुख़ारे का पेड़ (m)	ālūbukhāre ka per
bétula (f)	सनोबर का पेड़ (m)	sanobar ka per
carvalho (m)	बलूत (m)	balūt
tília (f)	लिनडेन वृक्ष (m)	linaden vrksh
choupo-tremedor (m)	आस्पेन वृक्ष (m)	āspen vrksh
bordo (m)	मेपल (m)	mepal
espruce-europeu (m)	फर का पेड़ (m)	far ka per
pinheiro (m)	देवदार (m)	devadār
alerce, lariço (m)	लार्च (m)	lārch
abeto (m)	फर (m)	far
cedro (m)	देवदर (m)	devadar
choupo, álamo (m)	पोप्लर वृक्ष (m)	poplar vrksh
tramazeira (f)	रोवाण (m)	rovān
salgueiro (m)	विलो (f)	vilo
amieiro (m)	आल्डर वृक्ष (m)	āldar vrksh
faia (f)	बीच (m)	bīch
ulmeiro (m)	एल्म वृक्ष (m)	elm vrksh
freixo (m)	एश-वृक्ष (m)	esh-vrksh
castanheiro (m)	चेस्टनट (m)	chestanat
magnólia (f)	मैगनोलिया (f)	maiganoliya
palmeira (f)	ताड़ का पेड़ (m)	tār ka per
cipreste (m)	सरो (m)	saro
mangue (m)	मैनग्रोव (m)	mainagrov
embondeiro, baobá (m)	गोरक्षी (m)	gorakshī
eucalipto (m)	यूकेलिप्टस (m)	yūkeliptas
sequoia (f)	सेकोइया (f)	sekoiya

187. Arbustos

arbusto (m)	झाड़ी (f)	jhārī
arbusto (m), moita (f)	झाड़ी (f)	jhārī

videira (f)	अंगूर की बेल (f)	angūr kī bel
vinhedo (m)	अंगूर का बाग़ (m)	angūr ka bāg
framboeseira (f)	रास्पबेरी की झाड़ी (f)	rāspaberī kī jhārī
groselheira-vermelha (f)	लाल करेंट की झाड़ी (f)	lāl karent kī jhārī
groselheira (f) espinhosa	गूज़बेरी की झाड़ी (f)	gūzaberī kī jhārī
acácia (f)	ऐकेशिय (m)	aikeshiy
bérberis (f)	बारबेरी झाड़ी (f)	bāraberī jhārī
jasmim (m)	चमेली (f)	chamelī
junípero (m)	जूनिपर (m)	jūnipar
roseira (f)	गुलाब की झाड़ी (f)	gulāb kī jhārī
roseira (f) brava	जंगली गुलाब (m)	jangalī gulāb

188. Cogumelos

cogumelo (m)	गगन-धूलि (f)	gagan-dhūli
cogumelo (m) comestível	खाने योग्य गगन-धूलि (f)	khāne yogy gagan-dhūli
cogumelo (m) venenoso	ज़हरीली गगन-धूलि (f)	zaharīlī gagan-dhūli
chapéu (m)	छतरी (f)	chhatarī
pé, caule (m)	डंठल (f)	danthal
boleto (m)	सफ़ेद गगन-धूलि (f)	safed gagan-dhūli
boleto (m) alaranjado	नारंगी छतरी वाली गगन-धूलि (f)	nārangī chhatarī vālī gagan-dhūli
míscaro (m) das bétulas	बर्च बोलेट (f)	barch bolet
cantarela (f)	शेंटरेल (f)	shentarel
rússula (f)	रसुला (f)	rasula
morchella (f)	मोरेल (f)	morel
agário-das-moscas (m)	फ्लाई ऐगेरिक (f)	flaī aigerik
cicuta (f) verde	डेथ कैप (f)	deth kaip

189. Frutos. Bagas

fruta (f)	फल (m)	fal
frutas (f pl)	फल (m pl)	fal
maçã (f)	सेब (m)	seb
pera (f)	नाश्पाती (f)	nāshpātī
ameixa (f)	आलूबुखारा (m)	ālūbukhāra
morango (m)	स्ट्रॉबेरी (f)	stroberī
ginja, cereja (f)	चेरी (f)	cherī
uva (f)	अंगूर (m)	angūr
framboesa (f)	रास्पबेरी (f)	rāspaberī
groselha (f) preta	काली करेंट (f)	kālī karent
groselha (f) vermelha	लाल करेंट (f)	lāl karent
groselha (f) espinhosa	गूज़बेरी (f)	gūzaberī
oxicoco (m)	क्रेनबेरी (f)	krenaberī
laranja (f)	संतरा (m)	santara

tangerina (f)	नारंगी (f)	nārangī
ananás (m)	अनानास (m)	anānās
banana (f)	केला (m)	kela
tâmara (f)	खजूर (m)	khajūr
limão (m)	नींबू (m)	nīmbū
damasco (m)	खूबानी (f)	khūbānī
pêssego (m)	आड़ू (m)	ārū
kiwi (m)	चीकू (m)	chīkū
toranja (f)	ग्रेपफ्रूट (m)	grepafrūt
baga (f)	बेरी (f)	berī
bagas (f pl)	बेरियां (f pl)	beriyān
arando (m) vermelho	काओबेरी (f)	kaoberī
morango-silvestre (m)	जंगली स्ट्रॉबेरी (f)	jangalī stroberī
mirtilo (m)	बिलबेरी (f)	bilaberī

190. Flores. Plantas

flor (f)	फूल (m)	fūl
ramo (m) de flores	गुलदस्ता (m)	guladasta
rosa (f)	गुलाब (f)	gulāb
tulipa (f)	ट्यूलिप (m)	tyūlip
cravo (m)	गुलनार (m)	gulanār
gladíolo (m)	ग्लेडियोलस (m)	glediyolas
centáurea (f)	नीलकूपी (m)	nīlakūpī
campânula (f)	ब्लूबेल (m)	blūbel
dente-de-leão (m)	कुकरौंधा (m)	kukaraundha
camomila (f)	कैमोमाइल (m)	kaimomail
aloé (m)	मुसब्बर (m)	musabbar
cato (m)	कैक्टस (m)	kaiktas
fícus (m)	रबड़ का पौधा (m)	rabar ka paudha
lírio (m)	कुमुदिनी (f)	kumudinī
gerânio (m)	जेरानियम (m)	jeraniyam
jacinto (m)	हायसिंथ (m)	hāyasinth
mimosa (f)	मिमोसा (m)	mimosa
narciso (m)	नरगिस (f)	naragis
capuchinha (f)	नस्टाशयम (m)	nastāshayam
orquídea (f)	आर्किड (m)	ārkid
peónia (f)	पियोनी (m)	piyonī
violeta (f)	वॉयलेट (m)	voyalet
amor-perfeito (m)	पैंज़ी (m pl)	painzī
não-me-esqueças (m)	फर्गेट मी नाट (m)	fargent mī nāt
margarida (f)	गुलबहार (f)	gulabahār
papoula (f)	खशखाश (m)	khashakhāsh
cânhamo (m)	भांग (f)	bhāng

hortelã (f)	पुदीना (m)	pudīna
lírio-do-vale (m)	कामुदिनी (f)	kāmudinī
campânula-branca (f)	सफ़ेद फूल (m)	safed fūl
urtiga (f)	बिच्छू बूटी (f)	bichchhū būtī
azeda (f)	सोरेल (m)	sorel
nenúfar (m)	कुमुदिनी (f)	kumudinī
feto (m), samambaia (f)	फर्न (m)	farn
líquen (m)	शैवाक (m)	shaivāk
estufa (f)	शीशाघर (m)	shīshāghar
relvado (m)	घास का मैदान (m)	ghās ka maidān
canteiro (m) de flores	फुलवारी (f)	fulavārī
planta (f)	पौधा (m)	paudha
erva (f)	घास (f)	ghās
folha (f) de erva	तिनका (m)	tinaka
folha (f)	पत्ती (f)	pattī
pétala (f)	पंखड़ी (f)	pankharī
talo (m)	डंडी (f)	dandī
tubérculo (m)	कंद (m)	kand
broto, rebento (m)	अंकुर (m)	ankur
espinho (m)	काँटा (m)	kānta
florescer (vi)	खिलना	khilana
murchar (vi)	मुरझाना	murajhāna
cheiro (m)	बू (m)	bū
cortar (flores)	काटना	kātana
colher (uma flor)	तोड़ना	torana

191. Cereais, grãos

grão (m)	दाना (m)	dāna
cereais (plantas)	अनाज की फ़सलें (m pl)	anāj kī fasalen
espiga (f)	बाल (f)	bāl
trigo (m)	गेहूं (m)	gehūn
centeio (m)	रई (f)	raī
aveia (f)	जई (f)	jaī
milho-miúdo (m)	बाजरा (m)	bājara
cevada (f)	जौ (m)	jau
milho (m)	मक्का (m)	makka
arroz (m)	चावल (m)	chāval
trigo-sarraceno (m)	मोथी (m)	mothī
ervilha (f)	मटर (m)	matar
feijão (m)	राजमा (f)	rājama
soja (f)	सोया (m)	soya
lentilha (f)	दाल (m)	dāl
fava (f)	फली (f pl)	falī

GEOGRAFIA REGIONAL

Países. Nacionalidades

192. Política. Governo. Parte 1

política (f)	राजनीति (f)	rājanīti
político	राजनीतिक	rājanītik
político (m)	राजनीतिज्ञ (m)	rājanītigy
estado (m)	राज्य (m)	rājy
cidadão (m)	नागरिक (m)	nāgarik
cidadania (f)	नागरिकता (f)	nāgarikata
brasão (m) de armas	राष्ट्रीय प्रतीक (m)	rāshtrīy pratīk
hino (m) nacional	राष्ट्रीय धुन (f)	rāshtrīy dhun
governo (m)	सरकार (m)	sarakār
Chefe (m) de Estado	देश का नेता (m)	desh ka neta
parlamento (m)	संसद (m)	sansad
partido (m)	दल (m)	dal
capitalismo (m)	पुंजीवाद (m)	punjīvād
capitalista	पुंजीवादी	punjīvādī
socialismo (m)	समाजवाद (m)	samājavād
socialista	समाजवादी	samājavādī
comunismo (m)	साम्यवाद (m)	sāmyavād
comunista	साम्यवादी	sāmyavādī
comunista (m)	साम्यवादी (m)	sāmyavādī
democracia (f)	प्रजातंत्र (m)	prajātantr
democrata (m)	प्रजातंत्रवादी (m)	prajātantravādī
democrático	प्रजातंत्रवादी	prajātantravādī
Partido (m) Democrático	प्रजातंत्रवादी पार्टी (m)	prajātantravādī pārtī
liberal (m)	उदारवादी (m)	udāravādī
liberal	उदारवादी	udāravādī
conservador (m)	रूढ़िवादी (m)	rūrhivādī
conservador	रूढ़िवादी	rūrhivādī
república (f)	गणतंत्र (m)	ganatantr
republicano (m)	गणतंत्रवादी (m)	ganatantravādī
Partido (m) Republicano	गणतंत्रवादी पार्टी (m)	ganatantravādī pārtī
eleições (f pl)	चुनाव (m pl)	chunāv
eleger (vt)	चुनना	chunana
eleitor (m)	मतदाता (m)	matadāta

campanha (f) eleitoral	चुनाव प्रचार (m)	chunāv prachār
votação (f)	मतदान (m)	matadān
votar (vi)	मत डालना	mat dālana
direito (m) de voto	मताधिकार (m)	matādhikār
candidato (m)	उम्मीदवार (m)	ummīdavār
candidatar-se (vi)	चुनाव लड़ना	chunāv larana
campanha (f)	अभियान (m)	abhiyān
da oposição	विरोधी	virodhī
oposição (f)	विरोध (m)	virodh
visita (f)	यात्रा (f)	yātra
visita (f) oficial	सरकारी यात्रा (f)	sarakārī yātra
internacional	अंतर्राष्ट्रीय	antarrāshtrīy
negociações (f pl)	वार्त्ता (f pl)	vārtta
negociar (vi)	वार्त्ता करना	vārtta karana

193. Política. Governo. Parte 2

sociedade (f)	समाज (m)	samāj
constituição (f)	संविधान (m)	sanvidhān
poder (ir para o ~)	शासन (m)	shāsan
corrupção (f)	भ्रष्टाचार (m)	bhrashtāchār
lei (f)	कानून (m)	kānūn
legal	कानूनी	kānūnī
justiça (f)	न्याय (m)	nyāy
justo	न्यायी	nyāyī
comité (m)	समिति (f)	samiti
projeto-lei (m)	विधेयक (m)	vidheyak
orçamento (m)	बजट (m)	bajat
política (f)	नीति (f)	nīti
reforma (f)	सुधार (m)	sudhār
radical	आमूल	āmūl
força (f)	ताकत (f)	tākat
poderoso	प्रबल	prabal
partidário (m)	समर्थक (m)	samarthak
influência (f)	असर (m)	asar
regime (m)	शासन (m)	shāsan
conflito (m)	टकराव (m)	takarāv
conspiração (f)	साज़िश (f)	sāzish
provocação (f)	उकसाव (m)	ukasāv
derrubar (vt)	तख़्ता पलटना	takhta palatana
derrube (m), queda (f)	तख़्ता पलट (m)	takhta palat
revolução (f)	क्रांति (f)	krānti
golpe (m) de Estado	तख़्ता पलट (m)	takhta palat
golpe (m) militar	फौजी बगावत (f)	faujī bagāvat

crise (f)	संकट (m)	sankat
recessão (f) económica	आर्थिक मंदी (f)	ārthik mandī
manifestante (m)	प्रदर्शक (m)	pradarshak
manifestação (f)	प्रदर्शन (m)	pradarshan
lei (f) marcial	फौजी कानून (m)	faujī kānūn
base (f) militar	सैन्य अड्डा (m)	sainy adda
estabilidade (f)	स्थिरता (f)	sthirata
estável	स्थिर	sthir
exploração (f)	शोषण (m)	shoshan
explorar (vt)	शोषण करना	shoshan karana
racismo (m)	जातिवाद (m)	jātivād
racista (m)	जातिवादी (m)	jātivādī
fascismo (m)	फ़ासिवादी (m)	fāsivādī
fascista (m)	फ़ासिस्ट (m)	fāsist

194. Países. Diversos

estrangeiro (m)	विदेशी (m)	videshī
estrangeiro	विदेश	videsh
no estrangeiro	परदेश में	paradesh men
emigrante (m)	प्रवासी (m)	pravāsī
emigração (f)	प्रवासन (m)	pravāsan
emigrar (vi)	प्रवास करना	pravās karana
Ocidente (m)	पश्चिम (m)	pashchim
Oriente (m)	पूर्व (m)	pūrv
Extremo Oriente (m)	सुदूर पूर्व (m)	sudūr pūrv
civilização (f)	सभ्यता (f)	sabhyata
humanidade (f)	मानवजाति (f)	mānavajāti
mundo (m)	संसार (m)	sansār
paz (f)	शांति (f)	shānti
mundial	विश्वव्यापी	vishvavyāpī
pátria (f)	मातृभूमि (f)	mātrbhūmi
povo (m)	जनता (m)	janata
população (f)	जनता (m)	janata
gente (f)	लोग (m)	log
nação (f)	जाति (f)	jāti
geração (f)	पीढ़ी (f)	pīrhī
território (m)	प्रदेश (m)	pradesh
região (f)	क्षेत्र (m)	kshetr
estado (m)	राज्य (m)	rājy
tradição (f)	रिवाज़ (m)	rivāz
costume (m)	परम्परा (m)	parampara
ecologia (f)	परिस्थितिकी (f)	paristhitikī
índio (m)	रेड इंडियन (m)	red indiyan
cigano (m)	जिप्सी (f)	jipsī

cigana (f)	जिप्सी (f)	jipsī
cigano	जिप्सी	jipsī
império (m)	साम्राज्य (m)	sāmrājy
colónia (f)	उपनिवेश (m)	upanivesh
escravidão (f)	दासता (f)	dāsata
invasão (f)	हमला (m)	hamala
fome (f)	भूखमरी (f)	bhūkhamarī

195. Grupos religiosos mais importantes. Confissões

religião (f)	धर्म (m)	dharm
religioso	धार्मिक	dhārmik
crença (f)	धर्म (m)	dharm
crer (vt)	आस्था रखना	āstha rakhana
crente (m)	आस्तिक (m)	āstik
ateísmo (m)	नास्तिकवाद (m)	nāstikavād
ateu (m)	नास्तिक (m)	nāstik
cristianismo (m)	ईसाई धर्म (m)	īsaī dharm
cristão (m)	ईसाई (m)	īsaī
cristão	ईसाई	īsaī
catolicismo (m)	कैथोलिक धर्म (m)	kaitholik dharm
católico (m)	कैथोलिक (m)	kaitholik
católico	कैथोलिक	kaitholik
protestantismo (m)	प्रोटेस्टेंट धर्म (m)	protestent dharm
Igreja (f) Protestante	प्रोटेस्टेंट चर्च (m)	protestent church
protestante (m)	प्रोटेस्टेंट (m)	protestent
ortodoxia (f)	ऑर्थोडॉक्सी (m)	orthodoksī
Igreja (f) Ortodoxa	ऑर्थोडॉक्स चर्च (m)	orthodoks charch
ortodoxo (m)	ऑर्थोडॉक्सी (m)	orthodoksī
presbiterianismo (m)	प्रेस्बिटेरियनवाद (m)	presbiteriyanavād
Igreja (f) Presbiteriana	प्रेस्बिटेरियन चर्च (m)	presbiteriyan charch
presbiteriano (m)	प्रेस्बिटेरियन (m)	presbiteriyan
Igreja (f) Luterana	लुथर धर्म (m)	luthar dharm
luterano (m)	लुथर (m)	luthar
Igreja (f) Batista	बैप्टिस्ट चर्च (m)	baiptist charch
batista (m)	बैप्टिस्ट (m)	baiptist
Igreja (f) Anglicana	अंग्रेज़ी चर्च (m)	angrezī charch
anglicano (m)	अंग्रेज़ी (m)	angrezī
mormonismo (m)	मोर्मनवाद (m)	mormanavād
mórmon (m)	मोर्मन (m)	morman
Judaísmo (m)	यहूदी धर्म (m)	yahūdī dharm
judeu (m)	यहूदी (m)	yahūdī

budismo (m)	बौद्ध धर्म (m)	bauddh dharm
budista (m)	बौद्ध (m)	bauddh
hinduísmo (m)	हिन्दू धर्म (m)	hindū dharm
hindu (m)	हिन्दू (m)	hindū
Islão (m)	इस्लाम (m)	islām
muçulmano (m)	मुस्लिम (m)	muslim
muçulmano	मुस्लिम	muslim
Xiismo (m)	शिया इस्लाम (m)	shiya islām
xiita (m)	शिया (m)	shiya
sunismo (m)	सुन्नी इस्लाम (m)	sunnī islām
sunita (m)	सुन्नी (m)	sunnī

196. Religiões. Padres

padre (m)	पादरी (m)	pādarī
Papa (m)	पोप (m)	pop
monge (m)	मठवासी (m)	mathavāsī
freira (f)	नन (f)	nan
pastor (m)	पादरी (m)	pādarī
abade (m)	एब्बट (m)	ebbat
vigário (m)	विकार (m)	vikār
bispo (m)	बिशप (m)	bishap
cardeal (m)	कार्डिनल (m)	kārdinal
pregador (m)	प्रीचर (m)	prīchar
sermão (m)	धर्मोपदेश (m)	dharmopadesh
paroquianos (pl)	ग्रामवासी (m)	grāmavāsī
crente (m)	आस्तिक (m)	āstik
ateu (m)	नास्तिक (m)	nāstik

197. Fé. Cristianismo. Islão

Adão	आदम (m)	ādam
Eva	हव्वा (f)	havva
Deus (m)	भगवान (m)	bhagavān
Senhor (m)	ईश्वर (m)	īshvar
Todo Poderoso (m)	सर्वशक्तिशाली (m)	sarvashaktishālī
pecado (m)	पाप (m)	pāp
pecar (vi)	पाप करना	pāp karana
pecador (m)	पापी (m)	pāpī
pecadora (f)	पापी (f)	pāpī
inferno (m)	नरक (m)	narak
paraíso (m)	जन्नत (m)	jannat

Jesus	ईसा (m)	īsa
Jesus Cristo	ईसा मसीह (m)	īsa masīh
Espírito (m) Santo	पवित्र आत्मा (m)	pavitr ātma
Salvador (m)	मुक्तिदाता (m)	muktidāta
Virgem Maria (f)	वर्जिन मैरी (f)	varjin mairī
Diabo (m)	शैतान (m)	shaitān
diabólico	शैतानी	shaitānī
Satanás (m)	शैतान (m)	shaitān
satânico	शैतानी	shaitānī
anjo (m)	फरिश्ता (m)	farishta
anjo (m) da guarda	देवदूत (m)	devadūt
angélico	देवदूतीय	devadūtīy
apóstolo (m)	धर्मदूत (m)	dharmadūt
arcanjo (m)	महादेवदूत (m)	mahādevadūt
anticristo (m)	ईसा मसीह का शत्रु (m)	īsa masīh ka shatru
Igreja (f)	गिरजाघर (m)	girajāghar
Bíblia (f)	बाइबिल (m)	baibil
bíblico	बाइबिल का	baibil ka
Velho Testamento (m)	ओल्ड टेस्टामेंट (m)	old testāment
Novo Testamento (m)	न्यू टेस्टामेंट (m)	nyū testāment
Evangelho (m)	धर्मसिद्धान्त (m)	dharmasiddhānt
Sagradas Escrituras (f pl)	धर्म ग्रंथ (m)	dharm granth
Céu (m)	स्वर्ग (m)	svarg
mandamento (m)	धर्मादेश (m)	dharmādesh
profeta (m)	पैगंबर (m)	paigambar
profecia (f)	आगामवाणी (f)	āgāmavānī
Alá	अल्लाह (m)	allāh
Maomé	मुहम्मद (m)	muhammad
Corão, Alcorão (m)	क़ुरान (m)	qurān
mesquita (f)	मस्जिद (m)	masjid
mulá (m)	मुल्ला (m)	mulla
oração (f)	दुआ (f)	dua
rezar, orar (vi)	दुआ करना	dua karana
peregrinação (f)	तीर्थ यात्रा (m)	tīrth yātra
peregrino (m)	तीर्थ यात्री (m)	tīrth yātrī
Meca (f)	मक्का (m)	makka
igreja (f)	गिरजाघर (m)	girajāghar
templo (m)	मंदिर (m)	mandir
catedral (f)	गिरजाघर (m)	girajāghar
gótico	गोथिक	gothik
sinagoga (f)	सीनागॉग (m)	sīnāgog
mesquita (f)	मस्जिद (m)	masjid
capela (f)	चैपल (m)	chaipal
abadia (f)	ईसाई मठ (m)	īsaī math

convento (m)	मठ (m)	math
mosteiro (m)	मठ (m)	math
sino (m)	घंटा (m)	ghanta
campanário (m)	घंटाघर (m)	ghantāghar
repicar (vi)	बजाना	bajāna
cruz (f)	क्रॉस (m)	kros
cúpula (f)	गुंबद (m)	gumbad
ícone (m)	देव प्रतिमा (f)	dev pratima
alma (f)	आत्मा (f)	ātma
destino (m)	भाग्य (f)	bhāgy
mal (m)	बुराई (f)	buraī
bem (m)	भलाई (f)	bhalaī
vampiro (m)	पिशाच (m)	pishāch
bruxa (f)	डायन (f)	dāyan
demónio (m)	असुर (m)	asur
espírito (m)	आत्मा (f)	ātma
redenção (f)	प्रयाश्चित (m)	prayāshchit
redimir (vt)	प्रयाश्चित करना	prayāshchit karana
missa (f)	धार्मिक सेवा (m)	dhārmik seva
celebrar a missa	उपासना करना	upāsana karana
confissão (f)	पापस्वीकरण (m)	pāpasvīkaran
confessar-se (vr)	पापस्वीकरण करना	pāpasvīkaran karana
santo (m)	संत (m)	sant
sagrado	पवित्र	pavitr
água (f) benta	पवित्र पानी (m)	pavitr pānī
ritual (m)	अनुष्ठान (m)	anushthān
ritual	सांस्कारिक	sānskārik
sacrifício (m)	कुरबानी (f)	kurabānī
superstição (f)	अंधविश्वास (m)	andhavishvās
supersticioso	अंधविश्वासी	andhavishvāsī
vida (f) depois da morte	परलोक (m)	paralok
vida (f) eterna	अमर जीवन (m)	amar jīvan

TEMAS DIVERSOS

198. Várias palavras úteis

ajuda (f)	सहायता (f)	sahāyata
barreira (f)	बाधा (f)	bādha
base (f)	आधार (m)	ādhār
categoria (f)	श्रेणी (f)	shrenī
causa (f)	कारण (m)	kāran
coincidência (f)	समकालीनता (f)	samakālīnata
coisa (f)	वस्तु (f)	vastu
começo (m)	शुरू (m)	shurū
cómodo (ex. poltrona ~a)	आरामदेह	ārāmadeh
comparação (f)	तुलना (f)	tulana
compensação (f)	क्षतिपुर्ति (f)	kshatipurti
crescimento (m)	वृद्धि (f)	vrddhi
desenvolvimento (m)	विकास (m)	vikās
diferença (f)	फ़र्क (m)	fark
efeito (m)	प्रभाव (m)	prabhāv
elemento (m)	तत्व (m)	tatv
equilíbrio (m)	संतुलन (m)	santulan
erro (m)	ग़लती (f)	galatī
esforço (m)	प्रयत्न (m)	prayatn
estilo (m)	शैली (f)	shailī
exemplo (m)	उदाहरण (m)	udāharan
facto (m)	तथ्य (m)	tathy
fim (m)	ख़त्म (m)	khatm
forma (f)	रूप (m)	rūp
frequente	बारंबार	bārambār
fundo (ex. ~ verde)	पृष्ठिका (f)	prshtika
género (tipo)	प्रकार (m)	prakār
grau (m)	मात्रा (f)	mātra
ideal (m)	आदर्श (m)	ādarsh
labirinto (m)	भूलभुलैया (f)	bhūlabhulaiya
modo (m)	तरीका (m)	tarīka
momento (m)	पल (m)	pal
objeto (m)	चीज़ें (f)	chīzen
obstáculo (m)	अवरोध (m)	avarodh
original (m)	मूल (m)	mūl
padrão	मानक	mānak
padrão (m)	मानक (m)	mānak
paragem (pausa)	विराम (m)	virām
parte (f)	भाग (m)	bhāg

partícula (f)	टुकड़ा (m)	tukara
pausa (f)	विराम (m)	virām
posição (f)	स्थिति (f)	sthiti
princípio (m)	उसूल (m)	usūl
problema (m)	समस्या (f)	samasya
processo (m)	प्रक्रिया (f)	prakriya
progresso (m)	उन्नति (f)	unnati
propriedade (f)	गुण (m)	gun
reação (f)	प्रतिक्रिया (f)	pratikriya
risco (m)	जोखिम (m)	jokhim
ritmo (m)	गति (f)	gati
segredo (m)	रहस्य (m)	rahasy
série (f)	श्रृंखला (f)	shrrnkhala
sistema (m)	प्रणाली (f)	pranālī
situação (f)	स्थिति (f)	sthiti
solução (f)	हल (m)	hal
tabela (f)	सारणी (f)	sāranī
termo (ex. ~ técnico)	पारिभाषिक शब्द (m)	pāribhāshik shabd
tipo (m)	ढंग (m)	dhang
urgente	अत्यावश्यक	atyāvashyak
urgentemente	तत्काल	tatkāl
utilidade (f)	उपयोग (m)	upayog
variante (f)	विकल्प (m)	vikalp
variedade (f)	चुनाव (m)	chunāv
verdade (f)	सच (m)	sach
vez (f)	बारी (f)	bārī
zona (f)	क्षेत्र (m)	kshetr

www.ingramcontent.com/pod-product-compliance
Lightning Source LLC
LaVergne TN
LVHW051343080426
835509LV00020BA/3271
9781786165787